SOCIÉTÉ DES INGÉNIEURS CIVILS DE FRANCE
FONDÉE LE 4 MARS 1848
Reconnue d'utilité publique par décret du 22 décembre 1860
19, rue Blanche, PARIS

LE BASSIN A FLOT

DE LA

SOCIÉTÉ DE LA GIRONDE, A BORDEAUX

PAR

M. M. MICHEL-SCHMIDT

DIRECTEUR DES TRAVAUX PUBLICS DES ÉTABLISSEMENTS SCHNEIDER

EXTRAIT DES MÉMOIRES DE LA SOCIÉTÉ DES INGÉNIEURS CIVILS DE FRANCE
(Bulletin d'avril 1910)

PARIS
19, rue Blanche, 19
1910

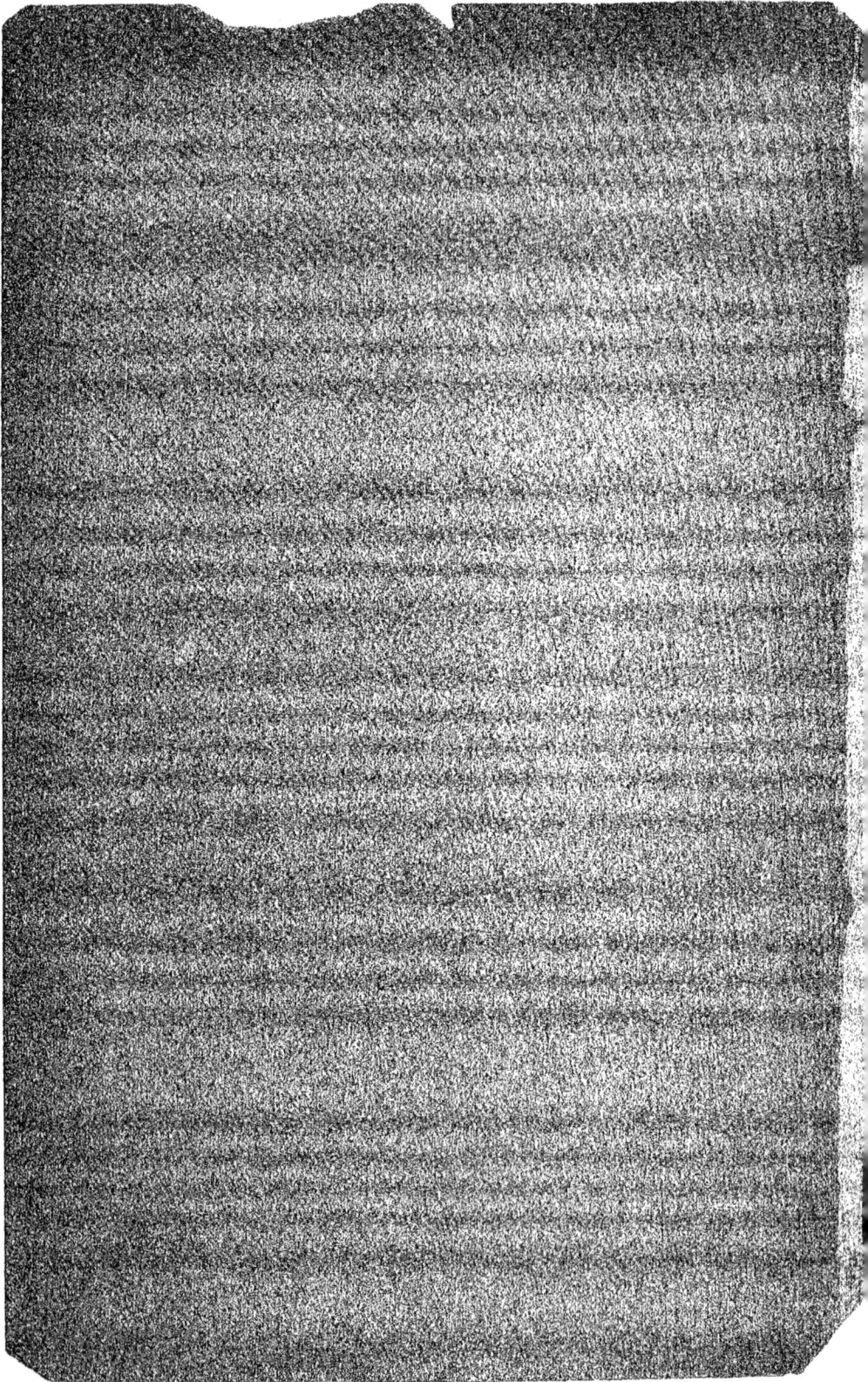

LE BASSIN A FLOT

DE LA

SOCIÉTÉ DE LA GIRONDE, A BORDEAUX

SOCIÉTÉ DES INGÉNIEURS CIVILS DE FRANCE

FONDÉE LE 4 MARS 1848

Reconnue d'utilité publique par décret du 22 décembre 1860

19, rue Blanche, PARIS

LE BASSIN A FLOT

DE LA

SOCIÉTÉ DE LA GIRONDE, A BORDEAUX

PAR

M. M. MICHEL-SCHMIDT

DIRECTEUR DES TRAVAUX PUBLICS DES ÉTABLISSEMENTS SCHNEIDER

EXTRAIT DES MÉMOIRES DE LA SOCIÉTÉ DES INGÉNIEURS CIVILS DE FRANCE

(Bulletin d'avril 1910.)

PARIS

19, rue Blanche, 19

1910

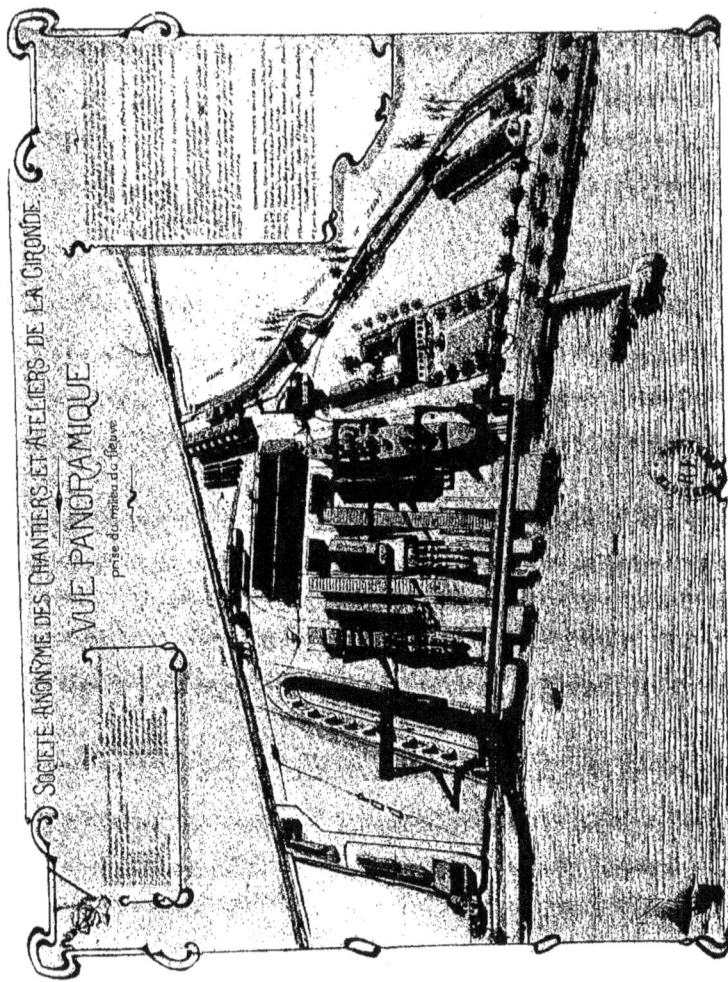

VUE A VOL D'OISEAU DES CHANTIERS DE LA GIRONDE.

LE BASSIN A FLOT

DE LA

SOCIÉTÉ DE LA GIRONDE, A BORDEAUX

PAR

M. M. MICHEL-SCHMIDT

DIRECTEUR DES TRAVAUX PUBLICS DES ÉTABLISSEMENTS SCHNEIDER

AVANT-PROPOS

Pour faire comprendre l'intérêt spécial des travaux que nous allons décrire et les particularités du problème que leur exécution solutionne, il n'est pas inutile de rappeler ces paroles de notre regretté Président, M. Hildevert Hersent, lorsqu'il nous entretenait des débuts du grand outillage des travaux publics :

« S'il est honorable d'exécuter de bons travaux avec un
» excellent matériel, il est encore plus méritoire de réaliser
» un excellent ouvrage en disposant simplement de moyens plus
» primitifs. »

Ce qui revient à dire que l'Ingénieur a souvent besoin d'être ingénieux.

Et c'était bien un peu le cas des Chantiers de la Gironde entreprenant la construction du cuirassé *Vergniaud* (1) dans des conditions tout à fait particulières.

Ces Chantiers, établis sur le bord de la Garonne, ne peuvent, comme les autres chantiers, terminer les bâtiments à flot, à

---

(1) Caractéristiques du cuirassé *Vergniaud* :

Longueur.	145 m.	
Largeur maximum à la flottaison . .	25,800 m.	
Tirant d'eau maximum à l'AR . . .	8,440 m.	
Déplacement	18 300 tx.	
Appareil moteur	8 turbines Parsons, dont 4 à haute pression et 4 à basse pression combinées pour marche AV, AR et de croisière.	
Puissance pour marche AV, allure maximum.	2 turbines à haute pression et 2 turbines à basse pression développant ensemble 22 500 ch.	

cause des courants extrêmement violents qui règnent dans la rivière aux marées de vives eaux.

Ces courants, qui rendent l'amarrage d'un gros navire armé difficile, le rendent presque impossible pour un bâtiment non terminé qui, en particulier, n'a pas reçu tous les moyens d'attache, tels que boucles, bittes et chaumards dont il sera muni plus tard.

En outre, ils ne permettraient qu'avec de grandes difficultés certains travaux, tels que l'embarquement des grosses pièces (cuirasses, tourelles, machines), qu'il faudrait manœuvrer à l'aide d'un ponton-mâture, les difficultés d'amarrage interdisant des déplacements fréquents devant une grue fixe.

Pour éviter ces divers inconvénients, les Chantiers de la Gironde avaient pris le parti de lancer les bâtiments complètement terminés. Il était alors possible de les ancrer solidement pendant le délai très court qu'ils passaient en Garonne avant leur départ pour le port de livraison. C'est ainsi qu'on a lancé, pour ne citer que les deux derniers navires, le *Kléber*, qui jaugeait 6 000 tx environ, et la *Vérité*, 12 000 tx. Au jour du lancement, les cuirasses, machines, chaudières et appareils auxiliaires étant embarqués, une chaudière était allumée pour faire fonctionner le servo-moteur et le cabestan.

Mais bien que ces lancements, et en particulier le dernier, eussent parfaitement réussi et démontré qu'à condition de prendre les précautions nécessaires, ces opérations ne présentaient pas d'inconvénients, la Marine, quand il fut question de la construction des cuirassés type *Danton*, fit connaître aux Chantiers

---

Caractéristiques du cuirassé *Vergniaud* (suite) :

Nombre d'hélices	4 sur quatre lignes d'arbres.	
Nombre de tours de chaque hélice .	300 environ.	
Appareil évaporatoire	26 chaudières Niclausse.	
Surface de grilles	145 m².	

Armement : 4 canons de 305 en deux tourelles AV et AR ;

—	12	—	240 en six tourelles latérales ;
—	16	—	75 mm en batterie ;
—	8	—	47 mm sur les passerelles ;
—	2	—	37 mm pour armer les embarcations.

Cuirassement : ceinture régnant sur toute la longueur, depuis 1,600 m en dessous de la flottaison jusqu'à 2,40 m au-dessus. Épaisseur maximum, 0,250 m ;

   — À l'avant, la ceinture est surmontée d'une cuirasse mince de 64 mm d'épaisseur montant jusqu'à 5,15 m au-dessus de la flottaison ;

   — Le navire possède deux ponts blindés, l'un inférieur, cuirassé à 70 mm au maximum ; l'autre supérieur, d'une épaisseur uniforme de 48 mm.

Vitesse prévue : 19,5 nœuds.

qu'elle n'admettrait pas le lancement d'un navire de cette importance complètement terminé.

La Société dut, par suite, se préoccuper des moyens de donner satisfaction à la Marine.

Elle ne pouvait songer à terminer le bâtiment dans le bassin à flot du port de Bordeaux, les écluses étant trop étroites pour laisser entrer la *Vérité* (24,25 m de largeur) et *a fortiori* le *Vergniaud* (25,80 m). Elle dut, en conséquence, se résoudre à étudier la création, pour son usage, d'un poste d'achèvement et d'armement des grands navires.

Elle fit, dans ce but, appel à l'expérience de l'entreprise Schneider et C⁣ie et Vigner et à MM. Schneider et C⁣ie, constructeurs, pour réaliser l'installation leur paraissant à la fois la plus pratique et la plus économique, c'est-à-dire vraiment, industrielle (1).

Données principales du problème.

Il s'agissait de créer un poste d'achèvement permettant de travailler à l'abri des courants. Cette dernière condition éliminant l'emploi d'un *appontement*, il restait à choisir entre une *darse ouverte*, dans laquelle la marée se serait encore fait sentir, mais non le courant, une *darse fermée*, c'est-à-dire un *bassin à flot*, et enfin une *cale sèche*.

La première solution n'a pu même être envisagée, parce que la darse aurait été envasée pendant la durée d'une seule construction par les apports d'alluvions de la Garonne. La dernière, qui avait l'avantage de doter la Société d'un outil industriel de grande valeur, ne présentait qu'un inconvénient, mais notoire : coût très élevé d'une cale sèche construite suivant toutes les règles de l'art.

Cet inconvénient décida la Société à accepter la solution restante, c'est-à-dire le *bassin à flot*. Nous verrons par la suite qu'au cours du travail il a été reconnu possible, par l'expérience acquise dans l'excavation du sous-sol, de transformer à peu de frais ce bassin en *cale sèche de fortune*, engin plus parfait permettant d'éliminer toute objection contre les lancements projetés.

(1) L'entreprise Schneider-Vigner a étudié le projet d'ensemble et exécuté toutes les fondations et maçonneries ; MM. Schneider et C⁣ie ont étudié et construit, dans leurs chantiers de Chalon-sur-Saône, les parties métalliques (portes busquées, bateau-porte, pont-route, pont roulant de 140 t).

PREMIÈRE PARTIE

BASSIN A FLOT PROPREMENT DIT

CHAPITRE PREMIER

PROJETS

Dans son ensemble, le bassin à flot, de dimensions simplement suffisantes pour recevoir un seul grand navire, a plutôt
l'aspect d'une forme de radoub qui ne posséderait pas de radier.

Il se compose d'un mur d'enceinte en deux tronçons parallèles
réunis par une partie ogivale et d'un pertuis d'entrée possédant
une double fermeture composée d'une paire de portes busquées
et d'un bateau-porte *(Pl. 2, fig. 1 et 2)*.

La longueur utile du bassin est de 181 m comptée horizontalement depuis la pointe du busc des portes jusqu'à l'arête intérieure du couronnement de la partie ogivale.

Au couronnement, la largeur est de 33 m pour le pertuis
d'entrée et de 37 m pour le corps du bassin.

Le radier est constitué par le terrain naturel convenablement
dressé; il présente, en coupe longitudinale, une pente de 5 mm
par mètre vers la Garonne, en partant de la cote (— 4,32 m) au
sommet de l'ogive *(Pl. 2)*.

A. — Conditions que doit remplir l'ensemble des engins de fermeture du pertuis d'entrée.

Le bassin ainsi constitué diffère notablement des bassins à
flot ou de demi-marée installés dans les ports et qui sont appelés
à être ouverts fréquemment pour livrer presque journellement
passage aux navires.

Le bassin de la Société de la Gironde, tel qu'il a été conçu,
contient un volume d'eau très faible par rapport au volume du
navire, tandis que les bassins à flot ordinaires des ports ont des

surfaces et des réserves d'eau considérables. Il en résulte qu'on devra se mettre soigneusement en garde contre les fuites ou les apports d'eau, de manière à conserver, à peu près constant, le niveau que l'on aura choisi pour la facilité des manœuvres d'embarquement des pièces, niveau qui pourra être sensiblement inférieur à celui de la marée haute.

En conséquence, nous avons recherché un système de fermeture du pertuis d'entrée permettant toutes les fluctuations de niveau des eaux du fleuve et de l'intérieur du bassin, ce qui *imposait* la double fermeture (1).

L'étude a porté sur le choix des systèmes suivants *(fig. 1, 2, 3)* :

1° Deux paires de portes busquées ;

2° Une porte roulante ;

3° Une paire de portes busquées et un bateau-porte.

La première solution présentait les deux graves inconvénients suivants *(fig. 1)* :

a) Le double buscage des portes déterminait des efforts considérables dans les maçonneries des bajoyers, ce qui entraînait des épaisseurs de maçonneries très grandes et, par suite, le caisson de fondation du massif de tête donnait lieu à une forte dépense, tant au point de vue de la ferraille qu'à celui du fonçage ;

b) Les enclaves des portes aval exigeaient l'établissement de deux caissons-musoirs formant des épis en rivière pouvant provoquer plus tard des ensablements. L'Administration se refusait, du reste, à l'établissement de ces caissons (2).

La seconde solution *(fig. 2)*, consistant dans l'installation d'une porte roulante, aurait entraîné des dépenses très grandes quant aux maçonneries et aux fondations ; l'emploi d'un seul caisson englobant la chambre de la porte, le radier du pertuis d'entrée et le musoir opposé, n'était pas possible, en raison de sa longueur ; il fallait envisager le fonçage de trois grands caissons en prolongement, avec deux joints délicats ; travail coûteux (3).

(1) Tandis que l'applique dans une cale sèche doit toujours se faire de l'extérieur vers l'intérieur, et, dans un bassin à flot, de l'intérieur vers l'extérieur, la fermeture du bassin de la Gironde travaille alternativement dans les deux sens.

(2) D'autre part, on ne pouvait se reporter en arrière, étant limité par la voie ferrée de la Compagnie d'Orléans.

(3) M. l'Ingénieur Guiffart, dans son intéressant mémoire sur les dernières Entreprises du Havre, signale cette même difficulté d'envisager le fonçage d'un seul caisson pour réaliser le radier et l'enclave des portes roulantes du pertuis Bellot-Tancarville ; le problème a été solutionné par l'emploi d'un caisson perdu et d'un caisson mobile ; mais la création de ce dernier engin est très onéreuse pour son emploi dans une opération unique.

Fig. 1

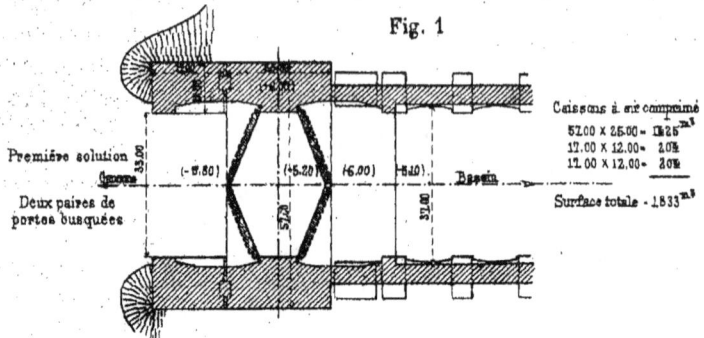

Première solution

Deux paires de
portes busquées

Caissons à air comprimé
52.00 × 25.00 = 1325 m³
12.00 × 12.00 = 204
12.00 × 12.00 = 204
Surface totale = 1833 m³

Fig. 2

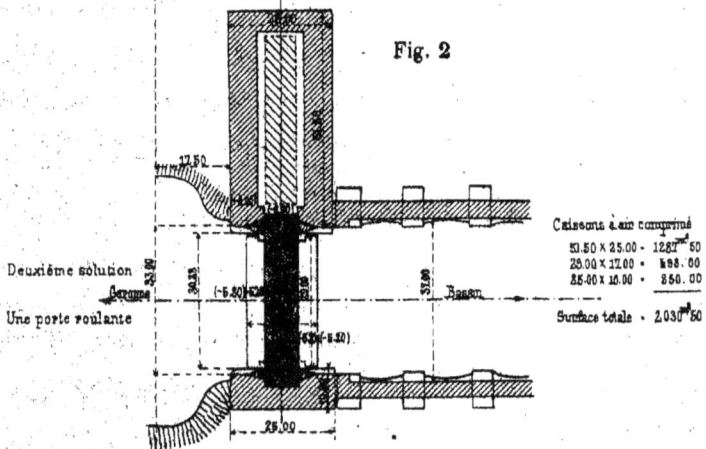

Deuxième solution

Une porte roulante

Caissons à air comprimé
51.50 × 25.00 = 1287 50
25.00 × 17.00 = 433 00
55.00 × 15.00 = 850 00
Surface totale = 2030 50

Fig. 3

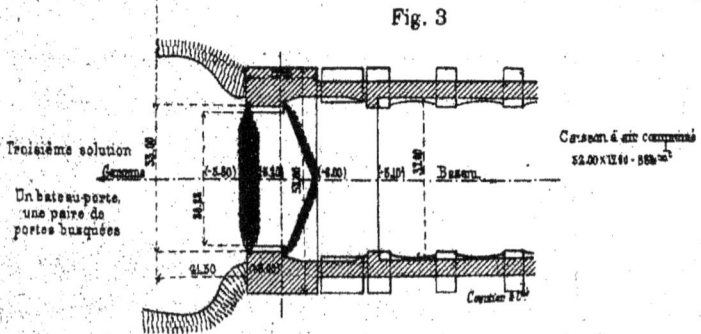

Troisième solution

Un bateau-porte,
une paire de
portes busquées

Caisson à air comprimé
52.00 × 17.00 = 884 m³

D'autre part, après chaque marée de niveau supérieur à celui du bassin, la porte roulante aurait été décollée, d'où une sujétion de nature à diminuer l'étanchéité de l'engin (inconvénient notablement aggravé par la nature des eaux de la Garonne qui charrient sans cesse des alluvions, bois, sable, etc.).

Enfin, il importe de remarquer que, pour les portes roulantes d'écluse ou formes de radoub (Zeebrugge, Bellot-Tancarville, etc.), l'*applique* se fait rapidement et sûrement par sassement, tandis que la fermeture de notre bassin se serait faite : à mer montante, par la marée ; à mer descendante, par la prépondérance de niveau du bassin, qui aurait bien pu, en raison de son faible volume, se vider partiellement avant de réaliser l' « applique », et cela principalement en morte-eau où les dénivellations sont très lentes.

La troisième solution *(fig. 3)*, qui est d'ailleurs celle adoptée, comporte l'installation d'un bateau-porte aval et d'une paire de portes busquées amont; cette disposition réunit le double avantage suivant : dépense des fondations réduite au minimum, le caisson unique pouvant être foncé sans hausses, à l'abri d'un batardeau ; étanchéité complète du côté de la Garonne, ainsi que du côté du bassin.

En service normal, les portes busquées et le bateau-porte devront toujours être appliqués énergiquement contre les maçonneries des bajoyers. Pour réaliser cette condition essentielle, des dispositions sont prises afin que le niveau de l'espace intermédiaire soit toujours inférieur, d'une part, aux niveaux assez sensiblement constants du bassin et, d'autre part, aux niveaux éminemment variables du fleuve.

B. — **Massif de tête.**

Les maçonneries de tête sont établies sur un seul caisson métallique foncé par les procédés de l'air comprimé jusqu'à la cote (— 14 m), où l'on a rencontré une épaisse couche de sable et gravier.

Les dimensions principales du caisson sont :

Longueur . . . . 32,00 m
Largeur 17,00
Hauteur de la chambre de travail . . 1,90

La chambre de travail était divisée, par des cloisons verticales, en cinq compartiments transversaux communiquant *(fig. 4, 5 et 6)*.

Le massif de tête est placé normalement à l'axe du bassin. Les deux bajoyers laissent entre eux une entrée ayant 33 m de largeur au couronnement de cote (+ 6 m) ; la partie inférieure de cette entrée se rétrécit jusqu'à 30,28 m au niveau du radier à la cote (— 5,20 m).

Les bajoyers de tête ont 9,50 m d'épaisseur maximum au couronnement et 7,20 m d'épaisseur au droit des enclaves des portes.

Sur la face aval (1) du massif est ménagée une rainure de 1,20 m de profondeur, ayant son radier à la cote (— 5,80 m) ; cette rainure est appareillée sur tout son pourtour pour recevoir l'applique du bateau-porte *(Pl. 2, fig. 1 et 2)*.

Du côté amont, à la cote (— 6 m), est ménagée la chambre des portes busquées, dont la pointe de busc est à 1 m du bord amont du caisson. La flèche du busc a 6 m comptés depuis la droite joignant les pointes théoriques des chardonnets.

Les chardonnets, ainsi que le busc, sont complètement appareillés ; les pivots des portes sont scellés dans des pierres bourdonnières noyées en partie dans le radier et sous les chardonnets.

La chambre de travail du caisson est maçonnée en béton de chaux à 350 kg, ainsi que le plafond, sur 4,50 m d'épaisseur ; les bajoyers sont maçonnés en béton de ciment à 450 kg enrobé dans une maçonnerie de moellons au mortier de ciment ; les parements vus sont en mosaïque ; les appareils de butée sont posés sur granit de Bretagne.

Dans chaque bajoyer du massif de tête sont ménagés deux aqueducs circulaires en fonte, l'un de 0,60 m de diamètre au niveau des hautes eaux de morte-eau (2) (+ 4 m), laissant com-

---

(1) Nous désignons ici par le terme « aval » le côté Gavonne, et par le terme « amont » le côté Chantiers.

(2) Les variations de marées enregistrées au marégraphe pendant une période de quatre années sont les suivantes :

Plus forte pleine mer.	+ 6,50 m
Haute mer de vive eau ordinaire	+ 5,31
Haute mer de morte-eau ordinaire.	+ 4,04
Basse mer de morte-eau ordinaire.	+ 0,65
Basse mer de vive eau ordinaire.	+ 0,58
Plus faible basse mer.	— 0,24

Il est à observer que les crues de la Garonne modifient ces chiffres et relèvent les niveaux des basses mers et des pleines mers ; de même, les vents du large augmentent l'importance de la marée ; les deux effets peuvent s'ajouter ; ainsi, pendant l'exécution de nos travaux, le niveau supérieur des eaux s'est élevé à la cote (+ 7 m).

Caisson de fondation du massif de tête

Fig. 6
Coupe transversale

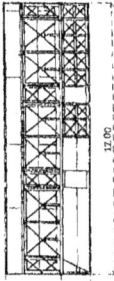

Fig. 4. - Coupe longitudinale

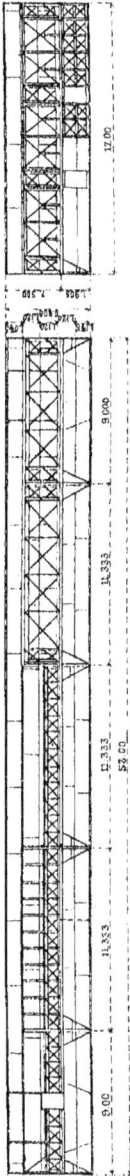

Fig. 5. - Plan supérieur

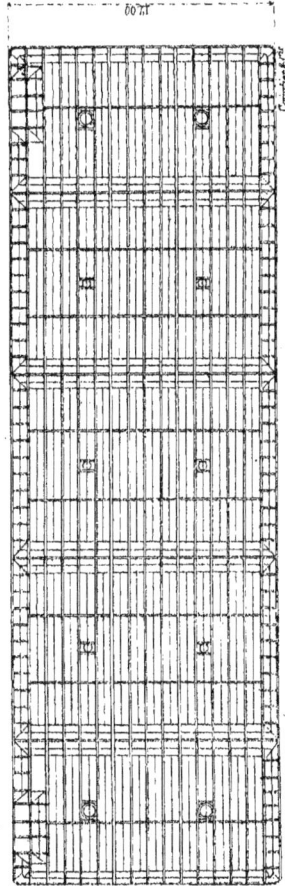

muniquer les eaux de surface du fleuve avec le bassin, et l'autre
de 0,30 m de diamètre, situé au-dessous de l'étiage, à la cote
(— 0,50 m) permettant la vidange ou le remplissage de l'espace
compris entre les portes busquées et le bateau-porte.

Ces aqueducs sont obturés, le premier par robinet-vanne, et
le second par des clapets se fermant automatiquement par la
pression à mer montante et s'ouvrant à mer descendante, dès
que le niveau de l'espace intermédiaire est supérieur à celui
du fleuve (1).

D'une façon générale, le couronnement des bajoyers est à la
côte (+ 6 m) ; toutefois, les couronnements des musoirs sont à
la cote (+ 7,14 m) correspondant au niveau de la passerelle supérieure du bateau-porte.

La tête du bassin coupant la route, très passagère, de Lormont, on a dû établir, sur les bajoyers, un pont métallique
(Pl. 3, fig. 1) reposant sur des sommiers de pierre de taille
noyés dans le béton et arasés à la cote (+ 6 m). Ce pont-route
peut s'enlever à l'aide du pont roulant de 140 t desservant le
bassin.

Une murette en maçonnerie encadre la route donnant accès
à la chaussée du pont, à la cote (+ 7,21 m).

C. — Mur d'enceinte.

a) Premier projet : mur continu sur pilotis.

On avait espéré, d'après les sondages, que les dépenses
d'épuisement seraient normales pour maintenir le plan d'eau,
en tranchée, aux environs de la cote (— 5,50 m), ce qui aurait
permis de construire le mur d'enceinte entièrement à l'air libre,
en procédant par petites sections d'avancement.

Ce mur, très économique *(fig. 7)*, devait être fondé sur un
battage de cinq lignes de pieux ayant environ 10 m de longueur,
reliés entre eux par deux rangs de moises longitudinales et une
série de moises transversales ; les têtes des pieux noyées environ de 1 m dans la partie inférieure du mur formant massif de
6,80 m de largeur.

(1) Par mesure de sécurité, une petite pompe électrique de secours sera placée en
communication avec l'espace intermédiaire pour enlever les eaux d'infiltration et maintenir la cote (— 0,50 m) au cas où, pour un motif quelconque, les aqueducs de vidange
s'obstrueraient et ne fonctionneraient pas normalement.

Le mur proprement dit était à parement vertical du côté des terres et à parement incliné à 30 0/0 vers l'intérieur du bassin; au couronnement de cote (+ 6 m), la largeur était de 2 m. Le parement incliné se raccordait avec le massif de base par une surface cylindrique de 1,25 m de rayon.

Ce projet n'a reçu qu'un commencement d'exécution, car, dès l'origine des terrassements, il fut impossible de maintenir, par épuisements, le plan d'eau au-dessous de la cote (— 1 m), la sous-pression ayant, en plusieurs points, assez de force pour que le jet traversant la nappe d'eau la dépassât de 0,15 m à 0,20 m.

Fig. 7

Mur continu sur pilotis

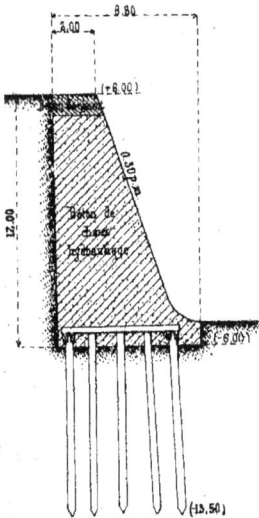

Fig. 8

Mur voûté sur piliers

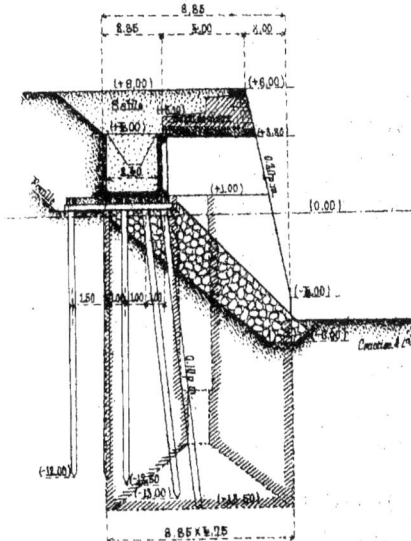

Les variations de la Garonne n'avaient pas d'influence appréciable sur le plan d'eau des fouilles, celles-ci étant ouvertes à environ 200 m des berges du fleuve. Les venues d'eau provenaient de deux causes : soit des coteaux environnants, soit de poches comprises entre deux couches d'argile ; ces dernières provoquaient des éboulements fréquents dans les talus des fouilles et n'ont pas permis de poursuivre les terrassements au-dessous de la cote (— 4 m) sans courir au-devant de dangers et de surprises dans le cours de la construction de l'ouvrage (1).

Devant cet état de choses, l'Entreprise a renoncé à l'exécution, par épuisements, d'un mur continu et a dressé un deuxième projet dont l'exécution est presque indépendante de la tenue des terres *(fig. 7 et 8)*.

b) Deuxième projet : mur voûté sur piliers foncés a l'air comprimé.

Les travaux de la partie courante du bassin n'ayant pu s'effectuer complètement à l'air libre, il a fallu recourir partiellement aux procédés pneumatiques, en compensant l'excès de dépense par un évidement des murs d'enceinte ; ceux-ci sont établis sur piliers foncés d'abord à l'air libre, puis par les procédés de l'air comprimé. On a conservé, pour la section transversale du bassin, la forme d'un trapèze dont la grande base au couronnement, de cote (+ 6 m), a 37 m et la petite base 33 m à la cote (— 4 m), ce qui détermine des parements intérieurs ayant un fruit de 0,20 m par mètre *(Pl. 3, fig. 2)*.

Le mur d'enceinte comporte vingt-cinq piliers, de section variable, en maçonnerie de blocage à la chaux. Les piliers nᵒˢ 1 et 2 et leurs symétriques (numéros *bis*), déterminant l'enclave des portes, sont espacés de 1 m seulement ; les piliers de la partie droite sont rectangulaires, écartés à 16 m d'axe en axe ; leur longueur est de 8,85 m comptée normalement à l'axe du bassin et leur largeur 4,75 m ; ils laissent ainsi entre eux un intervalle de 11,25 m. Ces piliers sont reliés, à la cote (+ 1 m), par des voûtes en béton de ciment et de chaux en arc de cercle surbaissé de 11,25 m d'ouverture et 2,80 m de flèche. L'épaisseur à la clef est de 1,30 m et l'extrados en arc de cercle se raccorde avec la retraite de cote (+ 4 m) des piliers. La largeur de ces voûtes est de 4 m comptée à partir du couronnement *(Pl. 2, fig. 1 et 2)*.

Les piliers de la partie ogivale ont une section horizontale en forme de trapèze dont la hauteur est de 8 m ; ils laissent entre eux un espace parallèle de 10,20 m franchi par une voûte semblable à la précédente. Un pilier spécial constitue le sommet ou la clef de l'ogive du bassin.

(1) Cette dernière action, que nous appellerons action des eaux de surface, est fréquente dans les terrains argileux où de grandes fissures profondes se produisent pendant les sécheresses et forment autant de poches récoltant les eaux de pluies ou d'infiltration et déterminant, pendant les déblais, des plans dangereux de glissement.

Tous ces piliers sont foncés à la cote moyenne (— 13,50 m), où l'on rencontre une couche de sable et de gravier.

Masques en béton armé à l'arrière des voûtes

Fig. 11   Fig. 9

Partie ogivale   Partie courante

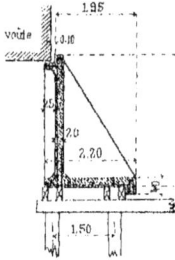 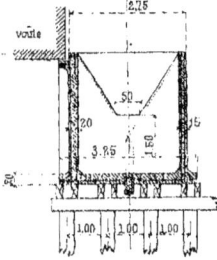

Plan   Plan

Fig. 12   Fig. 10

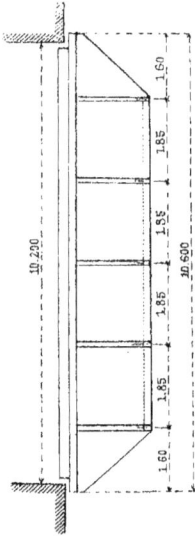 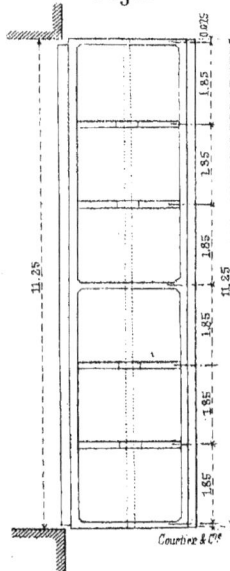

En arrière et au droit de ces voûtes, sont battues cinq lignes de pieux moisés transversalement et longitudinalement, mariés

en tête, cote (+ 1 m), par une dalle en béton de chaux de 0,30 m *(fig. 8)*.

Des dispositions spéciales ont été projetées afin d'assurer une bonne stabilité des chemins de roulement du pont roulant de 140 t en évitant tout affouillement du sable de fondation. A cet effet, on a encaissé le sable de la façon suivante :

D'une part, à l'arrière des piliers et en partie droite, on a prévu, sur la retraite de cote (+ 1 m), une murette de 3 m de hauteur ayant 1 m à la base et 0,40 m au sommet ;

D'autre part, sur les plates-formes constituées par le moisage et bétonnage des pieux, on a posé une série de caissons ou masques en béton armé de 3 m de hauteur sur 11,25 m de longueur, ayant 0,20 m d'épaisseur au fond et de 0,15 m à 0,20 m en parois ; des cloisons de 0,15 m les divisent en six compartiments ; dans la paroi, côté des voûtes, est encastrée une nervure circulaire suivant l'intrados *(fig. 9 et 10)*.

Dans le vide d'environ 0,10 m ménagé entre la paroi de 0,20 m et les tympans intérieurs des voûtes, un joint de terre glaise assure l'indépendance complète entre le massif voûté sur piliers et l'ensemble des pieux battus et caissons armés. Dans la partie ogivale, les caissons sont remplacés par des équerres en béton armé formant soutènement *(fig. 11 et 12)*.

Le mur surmontant les voûtes et piliers est en béton de chaux avec parement vu en mosaïque.

Un simple revêtement en enrochements était prévu sur le talus des terres dans les sous-voûtes.

D. — **Travaux en rivière**.

a) QUARTS DE CONE.

Les caissons-musoirs d'entrée ayant été supprimés par mesure d'économie, les bajoyers du massif de tête sont reliés aux talus de dragage du chenal d'accès simplement par l'intermédiaire de quarts de cône *(Pl. 3, fig. 1)*.

Ces ouvrages sont composés d'une série de pieux rectangulaires jointifs inclinés à 0,15 m par mètre suivant les génératrices d'un tronc de cône, reliés en tête par des plats circulaires en acier et maintenus par des moises horizontales rayonnant sur des pieux battus à l'arrière. Les pieux jointifs constituent le coffrage d'un massif de béton élevé jusqu'à la cote (+ 6 m) pour recevoir le prolongement des chemins de roulement du pont roulant de 140 t en vue du levage du pont-route.

b) Chenal.

En aval du massif de tête, le chenal d'accès, normal à la rive, ayant 47 m de largeur au plafond, arasé à la cote (— 6 m), règne sur une longueur de 90 m environ à partir de l'arête extérieure du radier de l'écluse d'entrée. Il est raccordé avec les fonds naturels existants par une pente douce réglée autant que possible à 5 de base pour 1 de hauteur.

c) Ducs-d'Albe.

Des ducs-d'Albe sont établis en avant du bassin pour faciliter le guidage d'un navire pendant l'opération délicate d'entrée ou de sortie normalement au fleuve.

E. — Stabilité des ouvrages en maçonnerie.

a) Massif de tête.

Au point de vue de l'ensemble, la stabilité du massif est largement assurée; le fonçage, à la cote (— 14 m) où l'on s'encastre dans une forte couche de sable et gravier, donne une bonne assise. L'épaisseur du radier étant de 8,80 m pour une portée d'environ 30 m est largement suffisante pour obtenir une grande rigidité sous l'action des forces extérieures.

Toutefois, la vérification s'impose pour la stabilité des bajoyers du pertuis, lesquels sont soumis à l'effet des actions simultanées suivantes :

La poussée des terres;

La poussée directe de l'eau sur les maçonneries;

La poussée de l'eau par l'intermédiaire d'une paire de portes busquées et d'un bateau-porte.

Les niveaux de l'eau ont été considérés aux cotes extrêmes de (+ 5,50 m) à l'intérieur du bassin et de (— 0,50 m) entre le bateau-porte et les portes busquées.

La largeur du massif sollicité par les actions ci-dessus mentionnées est de 17 m correspondant à la maçonnerie située au droit du caisson de fondation.

Le système de double fermeture employé nous a conduit à examiner la stabilité d'un bajoyer dans les quatre hypothèses suivantes :

a) Sous l'action des portes busquées et du bateau-porte;

b) Sous l'action des portes busquées seules, le bateau-porte enlevé ;

c) Sous l'action du bateau-porte seul, les portes busquées ouvertes ;

d) Les portes busquées ouvertes et le bateau-porte enlevé.

Le bajoyer a été considéré comme un solide homogène encastré à l'une de ses extrémités et libre à l'autre et sollicité par les efforts résultant des actions précédentes.

On a recherché le taux de travail de la maçonnerie dans le plan d'encastrement du bajoyer sur le radier.

Il a été reconnu, même en tenant compte des couples de torsion dus à l'excentricité des efforts, que, d'une part, la compression maximum était inférieure à 6 kg par centimètre carré et, d'autre part, aucun point n'était soumis à des efforts d'extension dangereux *(fig. 13, 14, 15, 16)*.

b) Mur d'enceinte (Considérations générales).

Le premier projet ayant été abandonné, nous n'indiquerons que les conditions de stabilité du mur d'enceinte établi sur piliers foncés à l'air comprimé.

La stabilité a été vérifiée pour un pilier et une voûte courante dans l'hypothèse la plus défavorable réalisée quand le niveau de l'eau du bassin sera le plus bas possible; nous avons admis que le niveau serait à 0,50 m au-dessous de l'étiage du fleuve.

Au point de vue des surcharges, l'ensemble du mur devait permettre :

a) Le passage d'un pont roulant de 140 t dont l'axe des chemins de roulement est à 5,50 m de l'arête du couronnement du mur;

b) Le dépôt d'un groupe de turbines d'un poids maximum individuel de 95 tonnes ;

c) Des dépôts de matériel courant sur le terre-plein situé aux abords du bassin que nous évaluons à 1 000 kg par mètre carré.

Stabilité du massif de tête

(Hypothèse *b* - Action des portes-busquées ; le bateau-porte enlevé)

Fig. 13

Efforts de buscage

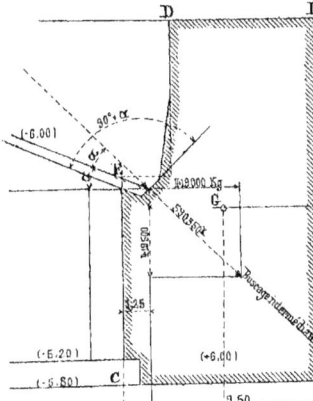

Fig. 15

Efforts longitudinaux

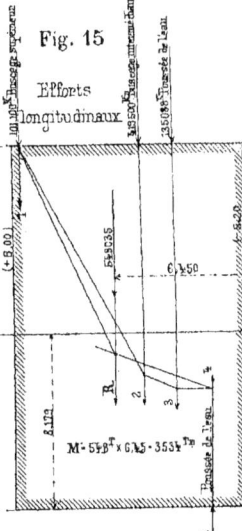

Efforts transversaux

Fig. 14

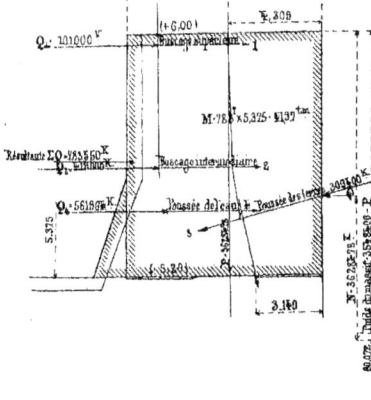

Pression dans la section d'encastrement sur le radier	$R_A = 5^K271$ p cm^2
	$R_B = 3^K455$ p cm^2
	$R_C = 1.082$ p cm^2
	$R_D = 0.385$ p cm^2
	$R_E = 0.085$ p cm^2

Niveaux d'eau	Bassin (+ 5,50)
	Garonne (- 0,50)

Fig. 16

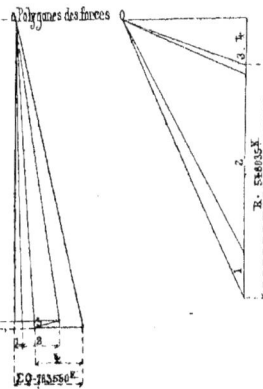

c) Pilier courant.

Le massif de maçonnerie constituant un pilier est soumis aux actions simultanées suivantes :

a) Les charges verticales comprenant les maçonneries, les remblais et les surcharges.

Ces dernières donnaient lieu aux charges uniformément réparties équivalentes suivantes :

Pour les turbines, sur une largeur de 4 m à
partir du couronnement . . . . 2 650 kg par m².

Pour le pont roulant sur une largeur de
2,85 m au delà de la zone de 4 m précédente. . . . . 6 600 —

Enfin, sur le reste du terre-plein . . . . . 1 000 —

Nous avons admis, en outre, que le niveau de cote (— 0,50 m) minimum de l'eau du bassin pourra s'établir tout autour du pilier et que la sous-pression s'exercerait en tous les points de la base du pilier (fig. 17, 18);

b) La poussée des terres s'exerçant sur le pilier et sur la partie supérieure de la voûte qui n'est pas abritée par le caisson en béton armé, cette dernière poussée se transmettant aux piliers contigus. Les piliers étant en moyenne encastrés de 8,50 m dans le sol, nous avons tenu compte de l'influence de la butée des terres.

Les coefficients de poussée ont été relevés sur les tableaux dressés par M. J. Résal.

Dans ces conditions, la valeur de la pression maximum exercée sur le terrain de fondation est inférieure à 7 kg par centimètre carré, chiffre quelque peu exagéré pour un terrain composé de sable et de gravier; toutefois, il convient d'observer que la « butée » des terres du radier donne une réaction horizontale supérieure à une fois et demie « la poussée » des terres exté-rieures et s'oppose au mouvement en avant des piliers.

d) Voute.

Nous avons étudié la stabilité de la portion de voûte de 2,25 m de largeur au droit de la première retraite du mur dont l'épaisseur moyenne est de 1,39 m. à la clef et de 3 m à la naissance.

Une demi-voûte courante est en équilibre sous l'action :

De son propre poids ;

Du poids des remblais ;

De la surcharge due aux turbines, soit 2 650 kg par mètre carré ;

Des réactions à la clef et à la naissance.

Stabilité d'un pilier courant

Fig. 17

Détermination du centre de pression

Fig. 18

Polygone des forces

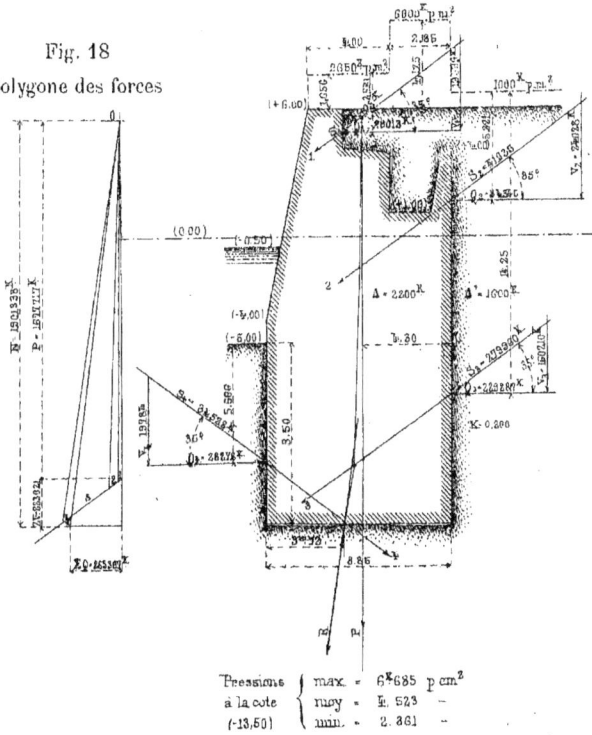

Pressions à la cote (-13,50) : max. = 6ᵏ685 p cm² ; moy = 4.523 — ; min. = 2.361 —

L'hypothèse de l'équilibre limite que nous avons adoptée nous place dans des conditions particulièrement défavorables, mais nous permet de déterminer les réactions à la clef et à la naissance, sans avoir recours aux équations de déformation des pièces courbes. Cette manière de procéder est bien suffisante pour le cas actuel.

Dans ces conditions, les pressions maxima dans les joints de clef et de naissance sont inférieures à 7 kg par centimètre carré.

c) Caissons et murs de soutènement en béton armé.

Les parois de ces ouvrages soumis à l'action des poussées des terres ont été calculées suivant les méthodes et règles de la circulaire ministérielle du 20 octobre 1906.

La résultante des forces extérieures, passant sensiblement au milieu de la base, donne une bonne stabilité d'ensemble à ces ouvrages et fait travailler presque uniformément les pieux de fondation.

CHAPITRE II

EXÉCUTION DES OUVRAGES

A. — **Installation du chantier** *(fig. 19)*.

a) Déviation de la route.

Pour l'exécution de la tête du bassin, il a fallu de prime abord détourner la route départementale et créér, dans le chantier, une déviation pour les voies de tramways, conduites d'eau, d'électricité, etc., ce qui a restreint les lieux de dépôts déjà très limités.

b) Estacade en rivière.

Pour faciliter les approvisionnements par eau, on a construit, dès l'origine, un appontement assez avancé en rivière, desservi par une grue « Caillard » de 3 t qui a procuré une grande aisance pour le transport à pied d'œuvre de tous les matériaux.

Installations des chantiers

Fig. 19

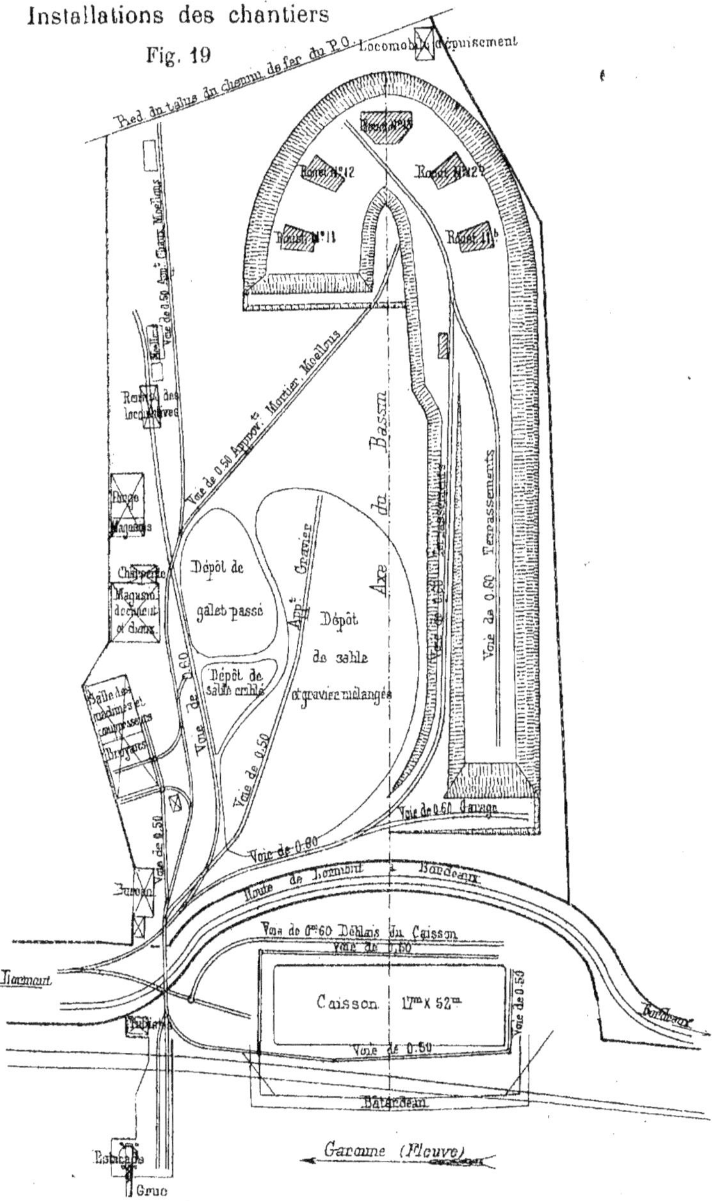

Prod du talus du chemin de fer du P.O. Locomobile d'épuisement

Route N°16

Route N°12   Route N°2°

Route N°11   Route N°4°

Voie de 0.80 m³ Ciment Moellons

Voie de 0.50 Apport Mortier Moellons

Axe du Bassin

Voie de 0.80 Terrassements

Remise des locomotives

Forge Magasins

Charpente Magasin de ciment et chaux

Dépôt de galet passé

Ap.t Gravier

Dépôt de sable

Dépôt de sable criblé   et gravier mélangés

Salle des machines et compresseurs Broyeurs

Voie de 0.60

Voie de 0.50

Voie de 0.60 Garage

Voie de 0.50

Voie de 0.80

Route de Lormont à Bordeaux

Voie de 0m60 Déblais du Caisson

Lormont   Voie de 1.50

Caisson   17m X 52m   Podensac

Voie de 0.50

Voie de 0.50

Batardeau

Estacade   Garonne (Fleuve)

Grue

c) Station d'air comprimé.

Très simple : comprenait trois compresseurs doubles et à double effet, « Sautter et Harlé » (1), commandés par trois mi-fixes « Weyher et Richemond » de 25 ch.

d) Broyeurs a mortier.

Les mortiers nécessaires aux maçonneries et bétons étaient fournis par deux broyeurs-malaxeurs « Deville-Châtel » (2) mus par une locomobile « Weyher et Richemond » de 25 ch.

B. — Massif de tête.

a) Batardeau en rivière.

Le massif de tête se trouvant déjà isolé du reste du bassin par la déviation de la route, on a protégé le grand caisson, pendant son fonçage, par un batardeau en rivière, de 62,50 m de longueur, composé de deux lignes de pieux et palplanches espacées de 2,50 et retournées d'équerre aux berges aux deux extrémités. L'intervalle entre ces files de pieux parfaitement nettoyé, à mer basse, jusqu'au terrain naturel, a été rempli avec de la glaise soigneusement pilonnée *(fig. 20, 21)*.

b) Fonçage du grand caisson, déblais et maçonneries.

La particularité de ce travail a été la descente du caisson sans hausses continues (3), simplement à l'abri du batardeau qui s'opposait aux rentrées brusques des eaux de la Garonne, au délavage des terres au pourtour des tôles et au glissement en rivière fort à craindre par la nature des alluvions; ce fonçage a

---

(1) Capables chacun d'aspirer par heure un volume de 406 m³ d'air à la pression atmosphérique et de refouler un volume de 135 m³ d'air à la pression de 2 kg par centimètre carré.

(2) Pouvant fournir un volume de mortier d'environ 2 m³ à l'heure.

(3) Les hausses non seulement jouent le rôle de tirants reliant les deux têtes du caisson toujours les plus chargées, mais également jouent le rôle de témoins avertisseurs, indiquant par la tension des joints ou le plissement des tôles si le lest central est faible ou fort et conséquemment si les maçonneries du radier travaillent à la tension ou compression.

été partagé en trois périodes : dans la première, de la cote
(+ 5,50 m) à (+ 2,50 m), les déblais ont pu être sortis à l'air
libre, sous le tranchant côté chantiers, qu'on tenait dégagé extérieurement pour éviter la poussée des terres vers le fleuve ; dans
la seconde, on s'est servi de l'air comprimé pour le fonctionnement des treuils des sas, le terrassement continuant à l'air libre

Fig. 20

Bâtardeau de protection du caisson de tête

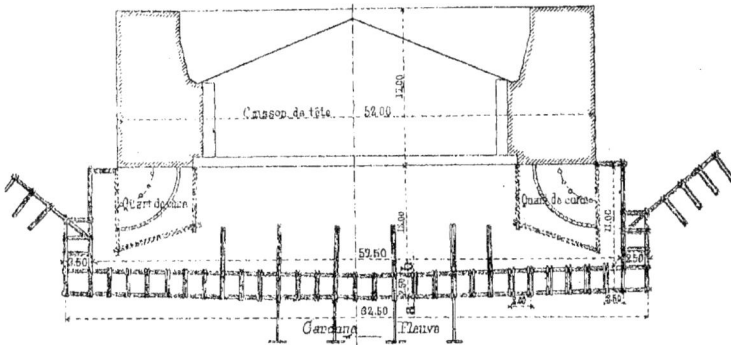

Fig. 21

Coupe transversale a b

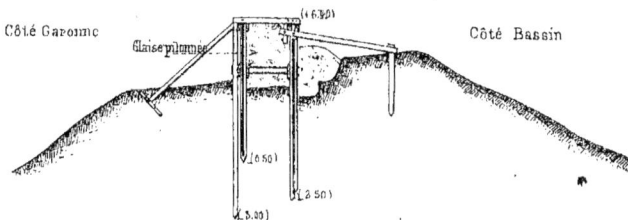

jusque vers la cote (+ 1 m) ; enfin, dans la troisième, on a dû
mettre l'air comprimé dans la chambre de travail pour chasser
l'eau qui venait sous le batardeau et dans les terrains avoisinants,
à travers les couches perméables.

Les déblais étaient amenés aux cheminées à l'aide de bennes
placées par quatre sur des plates-formes à voie Decauville.

Jusqu'à la cote (— 4 m), on a rencontré de la glaise compacte ;

de (— 4 m) à (— 13 m) de l'argile mêlée de sable gris-noir ; de (— 13 m) à (— 14 m) une couche de sable et gravier; enfin, à (— 14 m), le fonçage s'est achevé sur une couche de gros gravier *(fig. 28)*.

La maçonnerie de lestage a été réglée pendant toute la descente, de façon à conserver une bonne prépondérance de poids par rapport à la sous-pression ; la partie centrale du caisson a reçu un lest mobile constitué par le meilleur sable provenant des déblais.

Toute la maçonnerie d'appareil : radier, busc, chardonnets, rainure du bateau-porte, etc., a été exécutée pendant le fonçage, conduit méthodiquement de façon qu'après bétonnage de la chambre de travail la plus grande différence de niveau a été de 0,008 mm entre les bourdonnières.

C. — **Mur d'enceinte.**

a) FONÇAGE DES PILIERS.

Le fonçage des vingt-cinq piliers de fondation a été conduit en commençant par la partie ogivale, c'est-à-dire opposée à la tête du bassin et simultanément à l'exécution de celle-ci.

La chambre de travail de chaque puits prenait appui sur un rouet ou trousse coupante métallique, monté et assemblé directement sur place, le terrain préalablement arasé à la cote (+ 1,50 m); ce rouet se composait d'amorces de contrefiches trapézoïdales en cornières de $\dfrac{60 \times 60}{6}$ réunies par une tôle avec fruit intérieurement, une tôle verticale de 0,600 m extérieurement et un couteau en cornière de $\dfrac{80 \times 80}{8}$ *(fig. **22** et **23**)* ; cette caisse métallique, remplie de béton de ciment, était surmontée par une maçonnerie de moellons exécutée au mortier de ciment, à paroi inclinée, de façon à former à la fois muraille pour le fonçage et ancrage de l'amorce des cheminées de 1 m de diamètre ; une chape en ciment, très soignée, assurait l'étanchéité et évitait les fuites d'air comprimé ; des tirants en métal liaient le béton du rouet à la maçonnerie de la chambre ; l'amorce de cheminée perdue était maçonnée sur 1 m de hauteur, afin de résister à la pression de l'air tendant à projeter le sas.

La nécessité d'assurer une excellente prise des maçonneries pour empêcher les dislocations, par suite de leur frottement dans le sol, a obligé à mettre au moins cinq ou six puits en travail à la fois *(planche 1, fig. 1)*.

Tous les puits ont pu être foncés au début à l'air libre, de la cote (+ 1,50 m) à (— 2 m); la maçonnerie correspondante comprenait la construction de la chambre de travail sur 3,50 m de hauteur, puis la maçonnerie d'ancrage de la cheminée perdue, soit une élévation totale de 4,50 m.

Le fonçage à l'air comprimé s'est fait en quatre phases correspondant à trois surélévations de maçonneries de 2,80 m et une de 1,60 m, portant la hauteur totale à 14,50 m, le tranchant arrêté à (— 13,50 m) sur une couche de sable, gravier ou argile compacte.

Le vide de la chambre de travail et des cheminées étant rempli de béton de chaux jusqu'à la cote (+ 1 m), le puits de fondation devient un pilier de voûte.

Suivant l'avancement normal des terrassements, on a fondé d'abord les puits côté Bordeaux, sauf les numéros 1 *bis* et 2 *bis* correspondant à la déviation de la route; en second lieu les puits côté Lormont dans les mêmes conditions; enfin les puits 1-1 *bis* et 2-2 *bis*, après rétablissement de la route à son emplacement primitif sur la tête du bassin.

Rouet de pilier courant

Fig. 22

Coupe transversale

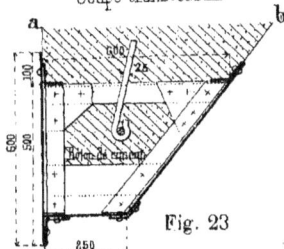

Fig. 23

Coupe horizontale suivant a b

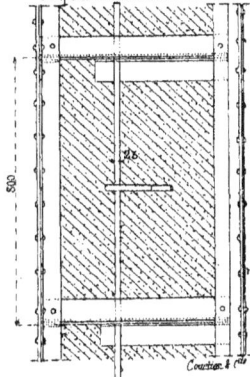

b) BATTAGES ENTRE PILIERS.

Exécution des voûtes. — Le battage à refus des pieux des masques, exécuté à l'aide d'une sonnette Lacour avec mouton de 1,500 kg, était entrepris après le bétonnage des piles; ces pieux, après avoir traversé les couches de glaise compacte et de sable gris, étaient ancrés dans la couche de sable et gravier aux environs de la cote (— 12 m) ; on procédait ensuite à leur moisage et au cintrage des voûtes en béton dont l'exécution suivait de près ce moisage *(Pl. 1, fig. 2 et 3)*.

c) EXÉCUTION DES MASQUES EN BÉTON ARMÉ.

Ces masques devant servir à la fois à maintenir les terres et à reporter la charge du pont roulant sur les pieux, la tête de ceux-ci était dégagée de la cote (+ 1 m) au zéro, remblayée en sable jusque sous les moises, bétonnées sur quatre files de pieux ; sur le plateau ainsi constitué, on disposait les fers des semelles en béton armé et les coffrages amovibles des masques et nervures *(Pl. 1, fig. 4)*.

D. — Terrassements.

a) A LA MACHINE JUSQU'AUX COTES (+ 1,50 M) ET (0,00 M).

b) AUX ÉLÉVATEURS AU-DESSOUS DE LA COTE (0,00 M).

Les déblais à l'air libre ont été exécutés en deux phases distinctes au point de vue du matériel d'extraction; pendant la première, le terrassement a pu se faire, au moyen de rampes avec rebroussements et courbes *(fig. 19)*, à l'aide de trois locomotives à voie de 0,60 m et wagonnets de 1 m³; on a atteint ainsi la cote (+ 1,50 m), niveau des plates-formes d'implantation des piles et la cote zéro sur une partie de la surface intérieure du bassin ; pendant la deuxième phase, les rampes s'accentuant et les rebroussements devenant difficultueux, on eut recours aux élévateurs consistant en grues à vapeur et monte-charges placés sur les murs du bassin *(fig. 24)* et extrayant, par grue, de 180 à 200 m³ par jour, et par monte-charge de 100 à 120 m³.

Le cube ainsi extrait fut d'environ 95 000 m à la machine et 40,000 m aux élévateurs.

Une certaine partie des déblais, provenant des meilleures couches les] plus sableuses, a été mise en dépôt en vue des remblais ultérieurs derrière les murs d'enceinte du dock, ou

pour être employée à l'exhaussement du sol des Chantiers de la
Gironde. Le surplus des déblais a été très utilement employé à

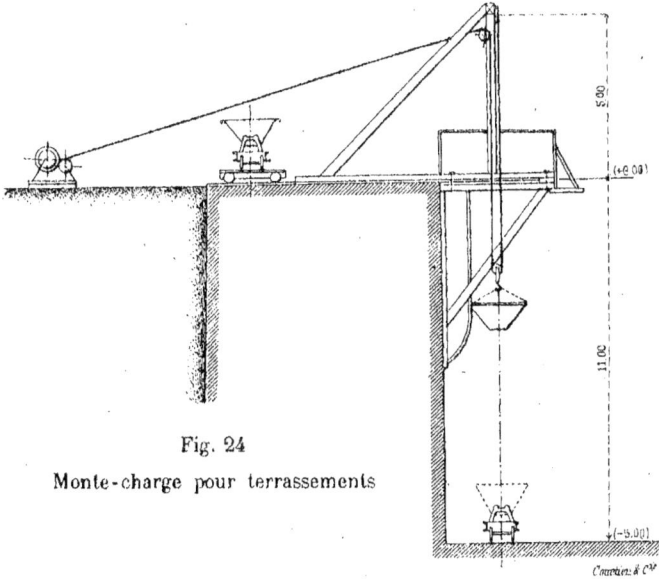

Fig. 24

Monte-charge pour terrassements

remblayer de vastes emplacements derrière la voie de la Compagnie d'Orléans, contribuant ainsi à la mise en valeur des
terrains de la rive droite, appelés à un grand avenir.

DEUXIÈME PARTIE

TRANSFORMATION DU BASSIN A FLOT
EN CALE SÈCHE DE FORTUNE

———

CHAPITRE I

PROJET

A. — Principe de la transformation.

Bien que le mur d'enceinte eût été calculé dans l'hypothèse que le niveau des eaux dans le bassin ne serait jamais inférieur à (— 0,50 m) — ce qui impliquait l'obligation de draguer les derniers mètres de la fouille, après la mise en eau —, on s'est risqué, dans la partie ogivale, à exécuter le terrassement définitif jusqu'à la cote (— 4,50 m), à l'aide des élévateurs, une pompe Dumont de 0,300 m d'aspiration suffisant à étaler les sources provenant des coteaux de Lormont.

En même temps, l'examen minutieux des voûtes et piliers n'accusait pas de fatigue anormale.

En présence de cet état de choses, la Société de la Gironde demandait à l' « Entreprise » si on ne pourrait, dans l'avenir, assécher à nouveau le bassin, c'est-à-dire le transformer en cale sèche de fortune ? La réponse était malaisée, car le problème renfermait une inconnue dont il était impossible de chiffrer la valeur : Quelle serait la poussée des terrains, si l'on venait à épuiser brusquement après une période de plusieurs mois de mise en eau ?

Il ne fallait pas perdre de vue que le mur d'enceinte se trouvait, pendant l'exécution, dans des conditions exceptionnellement favorables de stabilité par les épuisements progressifs et quotidiens ayant asséché, presque totalement, les terrains, vierges et de remblais, situés à l'arrière de ce mur.

D'autre part, l'exécution des battages entre piliers et de battages dans la partie centrale pour l'appui des tins devant donner une certaine étanchéité au bassin, il était à présumer, à moins de très fortes rentrées d'eau quand on approcherait de la Garonne, qu'on pourrait à peu de frais, avec les moyens des Chantiers, en prélevant une faible puissance sur leur disponible, maintenir l'engin à sec.

Par contre, on ne pouvait répondre de la tenue des piliers, les eaux environnant le bassin n'ayant pas leur libre écoulement et devant pousser plus ou moins le mur d'enceinte suivant la hauteur « inconnue » où leur niveau s'établirait dans le sol et aussi suivant la difficulté, plus ou moins grande, qu'elles éprouveraient à se déverser dans le dock ou vers la Garonne.

Ces diverses considérations amenaient l'Entreprise aux conclusions suivantes :

L'expérience acquise, au jour de la discussion, aussi bien sur la bonne tenue des ouvrages que sur le régime des eaux d'infiltration, permet d'augurer le succès, presque certain, de la transformation, à peu de frais, du bassin en cale sèche sous les réserves suivantes, découlant des inconvénients exposés :

1° La cale sèche sera une cale sèche de « fortune », c'est-à-dire qu'on ne cherchera pas à résister à la sous-pression par l'épaisseur des ouvrages, mais au contraire que l'on créera tout un réseau de drains permettant aux sources de venir tomber librement dans un puisard d'où elles seront évacuées par une pompe d'asséchement ;

2° La Société de la Gironde devra déterminer, par expérience, la durée prudente de l'épuisement du dock, afin de ne pas soumettre trop brusquement l'enceinte aux effets des poussées dues aux terrains mouillés ;

3° Certains renforcements seront apportés aux ouvrages primitivement prévus, notamment aux pieds des piliers et au droit des sous-voûtes ;

4° Le radier, de faible épaisseur, sera considéré comme un simple radier de « propreté » et des fondations spéciales établies sous les attinages pour supporter le poids des navires ;

5° Le bateau-porte sera renforcé de façon à pouvoir supporter la pression d'eau totale entre les cotes ($+ 7$ m) à ($- 5,20$ m).

Après mûr examen, la Société de la Gironde acceptait les propositions et le nouveau projet de l'Entreprise et encourait les risques des venues d'eau plus importantes dans l'achèvement des travaux, vers la Garonne, en se basant sur les considérations suivantes :

En admettant, au pis aller, qu'on ne puisse réaliser l'épuisement total et se servir du dock intégralement comme cale sèche, les consolidations prévues et le battage sous attinages permettront :

a) De faire jouer dans des limites beaucoup plus grandes la facilité que donne la double fermeture de maintenir, à l'intérieur du bassin, le niveau d'eau le plus favorable aux travaux d'armement ;

b) De réaliser un échouage partiel du navire dans de bonnes conditions de sécurité, d'où simplification des amarres, travaux à bord rendus faciles par l'immobilité du bateau, augmentation de hauteur libre sous le crochet du pont roulant desservant le bassin, facilités d'approche, etc.

Les dépenses envisagées devaient donc avoir, de toutes façons, une utilisation pratique qui, très heureusement, est devenue totale par suite du succès complet des dispositions que nous allons décrire.

B. — Amélioration et renforcement du mur d'enceinte.

Consiste essentiellement dans la création de renforts aux piliers et de revêtements maçonnés aux perrés des sous-voûtes.

a) Entretoisements et contreforts des piliers.

En vue de donner aux piliers une meilleure stabilité, on les a réunis, deux à deux, transversalement au bassin, par des entretoisements constitués par des coulées de béton au mortier de ciment de 2,25 m d'epaisseur, ayant 4,75 m de largeur au droit des piliers et 2,75 m dans la partie centrale, où ces entretoisements coiffent le battage des pieux sous attinage, ce qui constitue un excellent encastrement de béton, arasé au niveau du radier *(Pl. 3, fig. 3, 4, 5)*.

Afin de réaliser également un certain encastrement dans les piliers, les entretoisements sont prolongés par des contreforts maçonnés venant buter, d'une part, dans la pile sur 2,50 m de hauteur et, d'autre part, sur 3 m dans la coulée de béton par l'intermédiaire de redans convenablement disposés *(Pl. 3, fig. 3)*.

Dans la chambre des portes, les piliers sont butés par des nervures entretoises en béton de ciment ayant alternativement 2 m et 1,50 m d'épaisseur constituant le radier. Dans les nervures de 1,50 m d'épaisseur sont ménagés les évents nécessaires à l'évanouissement de la sous-pression.

Les piliers de la partie ogivale sont butés par des contreforts sensiblement de même section que ceux de la partie courante, mais ont une direction normale à l'arc d'ogive correspondant.

b) Renforcement des sous-voûtes.

Dans le but, d'une part, de solidariser, dans une certaine mesure, les piliers contre la poussée des terres et, d'autre part, de réaliser les meilleures conditions de propreté et d'aspect dans l'aménagement intérieur, les enrochements sous voûtes ont reçu un revêtement en béton, au mortier de chaux hydraulique, ayant 0,60 m d'épaisseur à la partie supérieure et 1,20 m à la partie inférieure. La base de cette maçonnerie comporte un éperon horizontal de 1,60 m de longueur établi à 1 m en contrebas du niveau supérieur du radier et, par suite, en liaison et butée avec le béton de propreté de ce radier. La tête se termine par un bourrelet de 1 m d'épaisseur qui s'encastre sur les moises de la plate-forme d'assise des caissons en béton armé.

C. — Attinage et radier de propreté.

La principale condition économique de la transformation en cale sèche devant résider dans la très faible dépense correspondant au radier, on a été dans l'obligation d'établir une fondation spéciale sous les tins appelés à supporter le poids des navires. Cette fondation se compose essentiellement d'un battage assez important coiffé par un plateau général en béton au mortier de ciment à 450 kg. Le battage est divisé en trois zones : la zone centrale d'environ 160 m de longueur, est constituée par trois files de pieux, écartées à 1 m d'axe en axe ; les deux zones latérales, d'environ 98 m de longueur, sont constituées chacune également par trois files de pieux espacées à 1,45 m et 1,25 m d'axe en axe. Les pieux, d'un diamètre moyen de 0,32 m, ont des longueurs variant de 6 à 10 m. Des moises longitudinales et transversales de 0,24 m $\times$ 0,12 m, assurent une liaison parfaite entre les neuf lignes de pieux.

Le massif de liaison en béton a 2,25 m d'épaisseur au droit des contreforts et entretoisements des piliers dont il fait partie et constitue l'ancrage central, et 1,50 m seulement en dehors de ces entretoisements.

Enfin, toute la superficie de la fouille non recouverte par les maçonneries de béton des contreforts et entretoisements des piliers, ou des fondations sous attinages, a reçu un revêtement en béton, au mortier de chaux, de 0,40 m d'épaisseur constituant le radier de propreté proprement dit destiné à faciliter l'exploitation de l'engin, nettoyages, manœuvres pour le carénage, transport des pièces, passages des ouvriers, etc.

D'une façon générale, le radier a une pente longitudinale de 0,005 m par mètre, de la partie ogivale vers le pertuis d'entrée et deux légères pentes transversales vers les rigoles d'évacuation.

D. Écoulement des eaux. Asséchement.

Pour réaliser à la fois la condition essentielle de laisser les eaux s'écouler librement (pour détruire, dans la plus large mesure, leur poussée ou sous-pression), et d'assécher le dock pratiquement, on a établi tout un système de drainage se composant des éléments suivants :

a) LARRONS OU BARBACANES DES SOUS-VOUTES.

Les enrochements posés sur le sol convenablement décapé constituent la première série de drains, se dégorgeant par un ensemble de barbacanes horizontales circulaires, de 0,25 m de diamètre, qui débouchent au droit de légères rigoles, amenant les eaux d'infiltration aux grandes rigoles longitudinales (*Pl. 3, fig. 3 et 5*).

b) ÉVENTS DU RADIER.

Dans chaque travée, entre deux piliers, on a disposé huit évents verticaux cylindriques, de 0,25 m de diamètre, établis au droit de drains spéciaux en enrochements; ces évents débou-

chent, comme les larrons, dans de petites rigoles transversales
aboutissant aux grandes rigoles longitudinales.

c) Rigoles, collecteur et puisard.

Le collecteur général se compose de deux branchements longitudinaux débouchant dans un collecteur transversal situé près

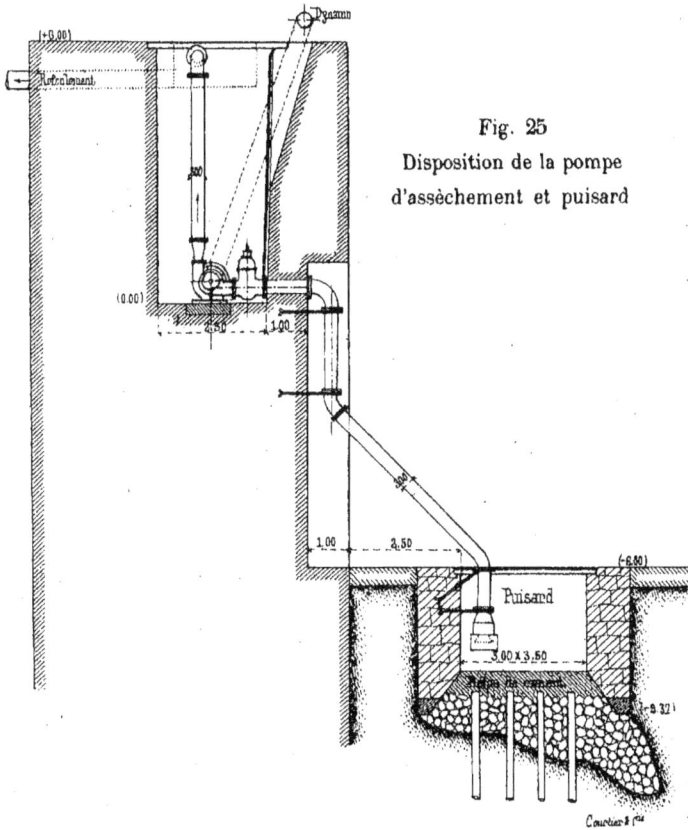

Fig. 25
Disposition de la pompe
d'assèchement et puisard

du seuil de la chambre des portes et qui amène toutes les eaux
d'infiltration dans un puisard unique ; les collecteurs longitudinaux, en forme de gorge, ont 0,50 m de diamètre, et 0,40 m de
profondeur ; ils sont situés à 4 m des piliers, ce qui permet un

nettoyage facile ; le collecteur transversal a 0,60 m de diamètre.

Le puisard est placé à proximité de la rainure de joint, entre les piliers 1 et 2, dans laquelle est logée la conduite d'épuisement ; ses parois, de 1 m d'épaisseur, sont exécutées en maçonnerie au mortier de ciment et son radier, de 0,80 m, est en béton riche de petits galets, également au mortier de ciment.

d) DISPOSITION DE LA POMPE D'ASSÉCHEMENT.

Les Chantiers de la Gironde ont établi, dans un puits à la cote zéro, une pompe centrifuge Dumont de 0,300 m d'aspiration, mûe par une dynamo blindée placée à la cote (+ 6,00). Le tuyau d'aspiration passe dans une niche réservée dans le joint, entre les piliers 1 *bis* et 2 *bis*; il est obturé par un robinet-vanne à l'entrée de la pompe *(fig. 25)*.

Le tuyau de refoulement débouche dans une cuve maçonnée de 2 m × 2 m, permettant de décanter le sable entrainé, et d'où part le tuyau d'évacuation de 0,50 m de diamètre.

E. — Stabilité des ouvrages.

Les ouvrages de renforcement ayant été étudiés en vue d'une mise à sec complète du bassin, les sections des massifs d'entretoisement des piliers ont été déterminées pour transmettre au massif central la résultante des poussées et contre-poussées des terres mouillées s'exerçant à l'arrière et à l'avant des piliers.

Dans le calcul, on n'a pas tenu compte de l'appoint de stabilité apporté par l'action des poussées symétriques sollicitant les piliers opposés.

Dans ces conditions, le massif d'entretoisement joue le rôle d'un étai horizontal encastré vers l'axe du bassin, sur un groupe de pieux entrant dans la constitution des fondations sous attinage.

Le cas le plus défavorable pour la poussée des terres donne toujours une résultante passant à l'intérieur du noyau central de la section transversale de l'étai; cette section est, par suite, entièrement comprimée. La résultante des poussées étant supposée intégralement absorbée par l'étai, la compression maximum ne dépasserait pas 12 kg par centimètre carré, même en négligeant l'effet de la butée du sol.

Les calculs ne tiennent pas compte non plus des poussées des terres situées entre piliers; ces poussées sont considérées comme indépendantes et sans aucune influence sur la stabilité des piliers voisins, les battages et revêtements de talus ayant été établis en conséquence.

CHAPITRE II

EXÉCUTION DES OUVRAGES

L'exécution des travaux complémentaires, nécessités par la transformation du bassin en cale sèche, a été attaquée sur les deux points extrêmes : d'une part, dans la partie ogivale où les terrassements étaient presque terminés, les sous-voûtes dégagées et leur revêtement commencé; d'autre part, dans la chambre des portes où il importait de préparer leur emplacement de montage. Cette double attaque n'a pas toujours permis de conduire le travail de façon rigoureusement méthodique, bien qu'on s'y soit appliqué dans la plus large mesure et dans la plus grande partie de l'ouvrage, afin d'éviter les mouvements pouvant résulter des poussées *(Pl. 1, fig. 7)*.

A. — Nervures et contreforts des piliers.

La phase la plus critique a été celle correspondant à la construction des nervures destinées à la butée des piliers; ceux-ci étant dégarnis sur 2,25 m en contre-bas du fond du bassin, on a dû procéder avec prudence en n'exécutant d'abord la fouille que sur une longueur d'environ 3 m, de façon à pouvoir y couler très rapidement le béton correspondant.

On avait craint d'être obligé de faire ce premier bloc de béton en deux fois, sur la demi-largeur du pilier, ce qui aurait créé des sujétions de boisage et rendu la nervure moins homogène; on a pu éviter cet inconvénient par le remplissage immédiat des fouilles.

La nature du terrain, dans toute la chambre des portes et au delà jusqu'à la limite des piliers 7 et 7 *bis*, étant du sable fin, toutes les fouilles ont dû être coffrées et boisées ; les palplanches ont pu être mises en place et retirées au moyen d'injections d'eau, ce qui a permis de faire une grande économie de bois.

Les épuisements locaux et partiels ont été assurés par une petite pompe portative mue directement par une dynamo de 3 ch. L'épuisement général était assuré par deux pompes Dumont de 0,200 m d'aspiration, l'une mue par une locomobile de 25 à 30 ch pour la partie courante du bassin, l'autre actionnée par un moteur électrique des Ateliers pour la chambre des portes.

Les contreforts proprement dits en maçonnerie, reliant la face des piliers aux nervures en béton, ne s'exécutaient qu'en dernier lieu, en même temps que le radier de propreté.

B. — Battages et radier en béton sous attinage.

Les battages sous attinage, devant constituer l'appui et l'encastrement des nervures ou étais des piliers, auraient dû précéder toujours la construction de ces nervures, si les terrassements l'avaient permis ; on s'est rapproché le plus possible de cette règle ; dès qu'une longueur de battage, correspondant à un écartement entre deux piliers, était terminée, on creusait la fouille du radier sous attinage ; on posait les moises, on coulait le béton de ciment sur 1,50 m de hauteur ; enfin, on terminait la seconde partie des nervures en béton déjà amorcées sur 3 mètres.

C. — Revêtement des sous-voûtes
et radier de propreté.

Lorsque le béton des nervures et de la partie centrale entre deux piliers était achevé, on exécutait les enrochements, puis le béton de revêtement des sous-voûtes, et, pour compléter le radier général, on terminait en dernier lieu le béton du radier de propreté. Les travaux ont été conduits de telle façon que la partie courante du bassin a été terminée presque en même temps que le bas-radier.

L'approvisionnement du béton se faisait très simplement, à

l'aide d'une bétonnière verticale déversant directement dans les
wagons le conduisant aux points voulus. Afin de n'avoir pas à
remonter le béton des sous-voûtes, on distribuait celui-ci à l'aide

Fig. 26

Coulotte pour la confection du béton sous voûte

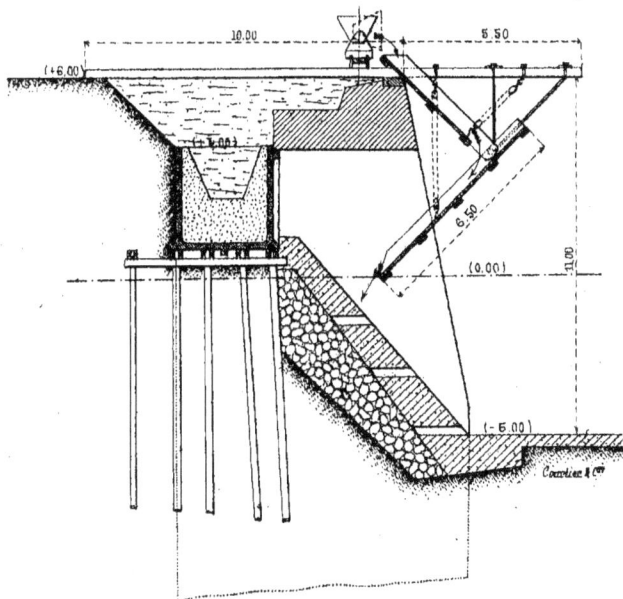

de deux coulottes (fig. 26), à inclinaison variable, déversant
l'une dans l'autre; la première recevait directement le béton
des wagonnets; la seconde le conduisait exactement au plancher
de l'étage désigné.

D. — **Puisard.**

La construction du puisard définitif, destiné à remplacer les
deux puisards de fortune et à récolter toutes les eaux d'infiltration, a donné lieu à quelques difficultés par suite de la présence
de sources importantes amenant des sables fins et menaçant
d'affouiller les piliers voisins.

Ce puisard, présentant horizontalement un vide intérieur de
3,50 m × 3 m, devait être fondé, par havage, à la cote (— 10 m),
de façon qu'avec un radier en béton de ciment de 1 m d'épaisseur sa profondeur restât de 3 m. En cours d'exécution, on a
dû arrêter le tranchant à la cote (— 9,37 m), les rentrées d'eau
rendant le terrassement très difficultueux et la venue constante
des sables obligeant à limiter les épuisements *(fig. 25)*.

On n'avait pas cru devoir, à l'origine, créer une chambre de
travail à air comprimé, comme pour les piliers, parce que cette
chambre diminuait le volume du puisard et se prêtait mal au
débouché des collecteurs, à la visite et aux nettoyages ultérieurs.

Le béton du radier n'a pu être exécuté à sec, les sources ayant
déterminé une excavation profonde de la cote (— 9 m) à (— 13 m)
qui, bien que remplie avec des enrochements, se reformait et
pouvait compromettre la stabilité des ouvrages; ce qui a obligé
à laisser remonter le plan d'eau. A ce moment, deux solutions se
présentaient :

a) Fermer la partie supérieure du puisard par un plancher
métallique convenablement lesté, muni d'une cheminée et d'un
sas pour envoyer l'air comprimé ;

b) Ou bien couler simplement le béton dans l'eau par l'une
des méthodes usuelles.

On s'est arrêté à la deuxième solution plus rapide, l'emploi de
l'air comprimé pouvant se faire plus tard au cas improbable où
la méthode employée ne donnerait pas entière satisfaction. Toutefois, afin de comprimer le sol et de le rendre à la fois plus
résistant et plus étanche, on a battu une série de pieux au refus
dans le puisard; puis, les enrochements bien nivelés, on a fait
usage d'une pompe Jeandin pour nettoyer parfaitement tous les
apports et obtenir une bonne adhérence du béton aux enrochements et aux parois maçonnées; ensuite, on a coulé du béton très
riche en mortier pour boucher le mieux possible les vides des
enrochements et les solidariser. Enfin, on a exécuté le radier
proprement dit, sans interruption, au moyen d'un tuyau toujours
rempli de béton afin d'empêcher l'eau de s'y introduire et de
produire des délavages.

Tout porte à croire que, le bassin mis en eau pendant un
certain temps, la venue des sources coupée par la contre-pres-
sion, les excavations se reboucheront d'elles-mêmes et que,
lorsqu'on épuisera à nouveau, l'eau d'infiltration suivra les drains
lui offrant des chemins naturels.

E. — Démolition du batardeau, Dragages en rivière.

Dans le but d'éviter un afflux trop brutal des eaux sur les parties fraîchement bétonnées du radier, on a d'abord laissé le plan d'eau monter naturellement par le débit des sources, puis on a augmenté ce débit à l'aide d'un siphon traversant le batardeau.

Pendant cette montée lente, on a pu, à l'aide d'un palan différentiel de 20 t, arracher les pieux et palplanches du rideau situé à l'intérieur du batardeau, dans la rainure du bateau-porte, en même temps qu'une grue à vapeur, placée sur un des quarts de cône, enlevait les enrochements des anciens perrés.

La démolition de la partie du batardeau en rivière s'est ensuite continuée, à sujétion de marée, pendant que la drague attaquait son travail au large; celui-ci devait être conduit de façon à livrer le chenal un mois avant le lancement du *Vergniaud*. Les déblais, suivant leur nature, étaient évacués soit par le refouleur de l'Administration, pour la plus grande part, soit par transports et déversements en clapets.

Malgré la présence de débris de bois ou de blocs forcément abandonnés dans le travail d'enlèvement du batardeau, le matériel de dragage, confié à des mains expérimentées, n'a subi aucune avarie grave.

GÉNÉRALITÉS

A. — Provenance et qualité des matériaux.

Les matériaux entrant dans la construction du dock étaient des provenances suivantes :

Ciment de Portland : de l'usine de La Souys, près Bordeaux, appartenant à la Société des Ciments français, marque Demarle-Lonquety;

Chaux hydraulique : de Saint-Astier (Dordogne);

Sable et galet : dragués dans la Garonne, en amont de Bordeaux, face à Langoiran;

Moellons bruts pour maçonnerie et enrochements : des carrières de Blaye, Podensac et Frontenac, dans la Gironde; de la carrière de Chazelles, dans la Charente;

Pierre de taille en moellon calcaire : des carrières de Vilhonneur (Charente) et de Saint-Macaire (Gironde);

Pierre de taille de granit : des carrières de Chantenay-sur-Loire (Loire-Inférieure);

Bois de construction : pieux en pin des Landes, moises et bois de charpente en pitchpin d'Amérique.

L'ensemble des travaux à exécuter pour la construction de la cale sèche, en trois ans, comportait environ les cubes suivants :

Dragage du chenal en rivière	32 000 m³
Terrassements : à la machine	95 000
— aux grues et monte-charges.	40 000
Béton au mortier de chaux	14 300
Béton au mortier de ciment	12 100
Béton armé	500
Maçonnerie de moellons bruts	15 000
Maçonnerie de pierre de taille calcaire .	250
Maçonnerie de pierre de taille de granit.	135
Enrochements.	1 200
Pieux des masques et sous attinage . .	2 810
Moises et bois de charpente	670

Poids des fers et aciers :

Caisson de tête	340 t
Fers des rouets, du béton armé, des charpentes.	140
Bateau-porte et lest	650
Portes d'écluse	290
Pont-route	90
Pont roulant de 140 t	300
Bollards et accessoires	10
Total	1 820 t

B. — Force motrice.

Puissance mécanique par rapport a la main-d'œuvre :

La force motrice actionnant le gros outillage était d'environ
210 ch répartis de la façon suivante :

3 locomotives de 10 ch. . . . . 30 ch
2 grues à vapeur de 3 t 24
1 monte-charge de 2,5 t 13
1 installation d'air comprimé et atelier . . 75
1 installation fabrication de mortier 25
1 sonnette à vapeur 18
1 installation d'épuisement 25

TOTAL . . . . 210 ch

1 drague (Administration). . . . . *Mémoire.*

Les dragages ayant été exécutés par l'Administration, l'appareil moteur ne figure pas au tableau de la force motrice; de
même pour la puissance correspondant à la part des épuisements
et de l'éclairage assumés par les soins de la Société de la
Gironde.

Il est intéressant de rechercher le rapport de travail mécanique à la main-d'œuvre. Nous l'avons consigné dans le tableau
ci-dessous pour les opérations principales :

	FORCE MOTRICE HP	NOMBRE D'HOMMES N	RAPPORT $\frac{HP}{N}$
Déblais à l'air libre, extraction, transport, épuisement	80	92	0,87
Déblais à l'air comprimé	75	36	2,08
Fabrication des mortiers	25	48	0,52
Déchargement des matériaux	12	16	0,75
Battage de pieux.	18	8	2,25
ENSEMBLE.	210	200	1,05

Graphiques d'avancement des Travaux

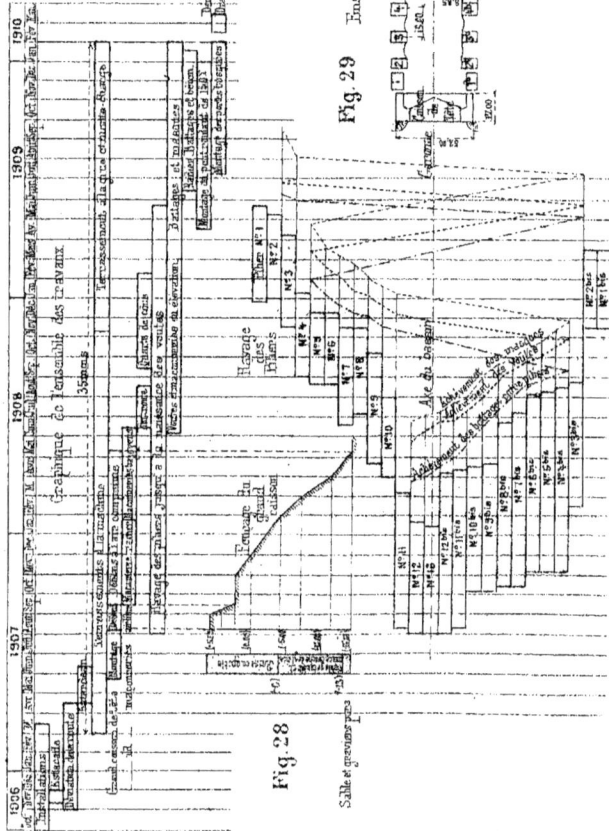

Fig. 27

Fig. 28

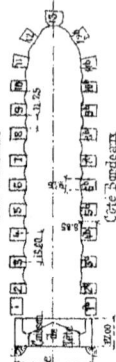

Fig. 29

Ensemble du bassin.
Côté Lorient

Côté Bordeaux

La moyenne de puissance motrice, d'environ 1 cheval-vapeur par ouvrier, est plutôt élevée; cela tient à ce que le nombre des travailleurs s'est trouvé forcément limité par l'exiguïté des emplacements mis à la disposition de l'entreprise, par la nature des travaux de havage, enfin par les sujétions de manœuvres et opérations se commandant l'une l'autre.

C. — Délais d'exécution, graphiques *(fig. 27, 28, 29)*.

Les rendements journaliers variaient dans les limites suivantes :

Déblais.	de 200 à 250 m³	
Maçonnerie ordinaire (piliers).	30	40
Béton.	100	120

Les durées d'exécution des différentes parties constituant le mur d'enceinte se répartissaient comme suit :

Havage et maçonneries d'un pilier . .	4 à 8 mois.
Battage et moisage des pieux d'une plate-forme entre piliers.	10 jours.
Appareillage et bétonnage d'une voûte.	3 à 4 —
Masque arrière en béton armé	15 —

Le graphique d'ensemble *(fig. 27)* montre les délais d'exécution relatifs à chaque nature de travail. Il ressort de ce graphique que la durée *effective* d'exécution de l'ensemble de l'œuvre, y compris la transformation en cale sèche de fortune, n'a pas dépassé trente-cinq mois, soit trois années.

Les parties *fondations* et *maçonneries* correspondant à une dépense d'environ 3 millions, la marche des travaux a dû être réglée de façon à absorber environ 1 million par an, ce qui (ainsi que nous venons de l'exposer pour la force motrice) était une marche intensive, eu égard aux sujétions de toutes natures.

TROISIÈME PARTIE

OUVRAGES MÉTALLIQUES [1], OUTILLAGE ET ACCESSOIRES

A. — PORTES BUSQUÉES

a) **Description.**

Les deux vantaux constituent la fermeture proprement dite du bassin et assurent la retenue des eaux. En vue de réaliser le bon fonctionnement de la double fermeture, il est nécessaire de conserver, entre le bateau-porte et les portes busquées, un niveau constant inférieur à celui de l'étiage de la Garonne.

En conséquence, chaque vantail a été calculé pour résister aux charges d'eau résultant des niveaux de (+ 5,50) dans le bassin, amont des portes, et de (— 0,50) dans l'espace intermédiaire, aval des portes.

Dans les calculs, on a admis que les montants verticaux des aiguilles reportaient toutes les pressions par appuis simples sur trois entretoises horizontales. De même, ces entretoises ont été considérées comme des poutres posées sur appuis simples.

Les butées des vantaux entre eux et sur la maçonnerie s'opèrent au moyen d'appareils d'appuis métalliqués situés au droit des poutres horizontales. La poutre inférieure, appuyée sur toute sa longueur sur la maçonnerie et pour laquelle le buscage n'intervient pas, ne comporte pas de butée directe sur les chardonnets.

Dispositions générales *(fig. 30, 31, 32).*

La hauteur totale d'un vantail est de 11,27 m et sa longueur, comptée entre les points de butée, est de 19 m environ ; son épaisseur, hors bordé, de 1,75 m.

---

[1] Ces ouvrages, dont le poids total atteint 1 800 t, sont surtout intéressants par leurs dimensions exceptionnelles qui dépassent, pour le bateau-porte et les portes busquées, celles des ouvrages similaires existant en France.

Vantail de portes busquées

Fig. 30
Demi-coupe longitudinale

Demi-vue extérieure

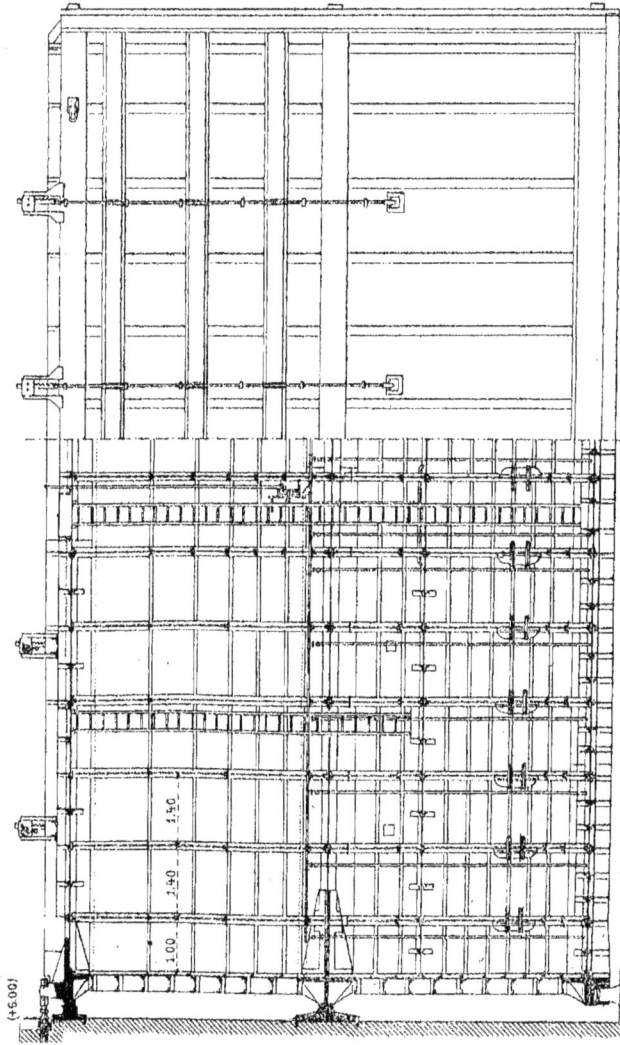

100

140

140

(+6.00)

Fig. 31
Coupe transversale courante

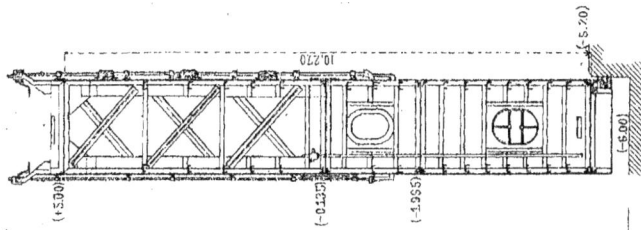

10.270

(+5.300)

(-0.335)

(-1.955)

(-6.00)

(-5.20)

Fig. 32
Plan de l'entretoise intermédiaire

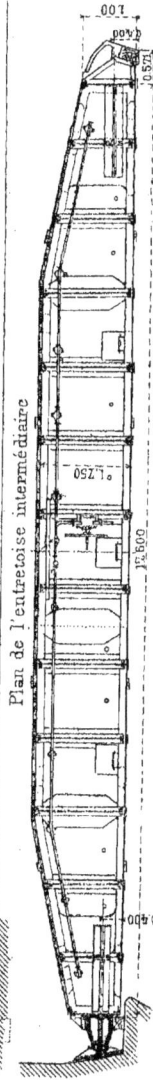

1.750

12.600

(+4.00)

1.00

0.470

10.551

4

L'ossature de chaque vantail se compose de trois poutres horizontales également distantes, sur lesquelles s'appuient des montants verticaux au nombre de quatorze, distants de 1,40 m et de 1,10 m et dont les deux extrêmes constituent le poteau busqué et le poteau-tourillon.

Les montants situés au-dessus de la poutre intermédiaire sont à treillis à croix de Saint-André ; les montants inférieurs sont à âme pleine. Une cloison horizontale étanche, située à 3,275 m au-dessus de la poutre inférieure, constitue, avec les montants inférieurs et les bordés, autant de caisses étanches distinctes, communiquant entre elles par des ouvertures fermées par des tampons hermétiques. Ces compartiments communiquent avec l'extérieur au moyen d'une cheminée centrale et d'une échelle de visite.

L'ensemble de ces caisses constitue donc un flotteur au-dessus duquel, et de part et d'autre de la cheminée centrale, se trouvent deux chambres à eau qui peuvent être mises en communication avec l'amont et l'aval au moyen de vannes de 0,20 m $\times$ 0,20 m qui sont manœuvrées de la partie supérieure du vantail. Un accès par échelle est ménagé dans chacune de ces deux chambres.

Dans la cheminée centrale et au niveau de la poutre intermédiaire, dont l'âme forme plancher, est installée une pompe à main aspirante et foulante qui permet, par une série de tuyaux verticaux, d'aspirer les eaux d'infiltration dans l'une ou l'autre des caisses étanches inférieures et, par une tuyauterie spéciale, d'épuiser, si besoin était, les caisses à eau supérieures.

Toutes les ouvertures donnant accès aux échelles de visite peuvent être fermées par des portes.

L'étanchéité pour la retenue des eaux du bassin est réalisée au moyen de fourrures en bois de chêne, à l'extérieur des vantaux, sur le poteau busqué, le long de la poutre inférieure et sur le poteau tourillon.

Chaque vantail est supporté, à la partie inférieure, par une crapaudine reposant sur un pivot scellé dans la bourdonnière et, à la partie supérieure, guidé par un tourillon saisi par un collier relié à deux ancrages dans les bajoyers. Ce collier présente un dispositif de réglage dans deux directions.

L'un des ancrages est orienté suivant le prolongement de la porte ouverte, placée dans son enclave, et relié à un pylône métallique noyé dans la maçonnerie ; l'autre ancrage est orienté

suivant le prolongement de la porte en service placée contre
le busc, et constitué par un système de barres articulées sur des
appareils d'appui noyés dans la maçonnerie; sous l'effet d'une

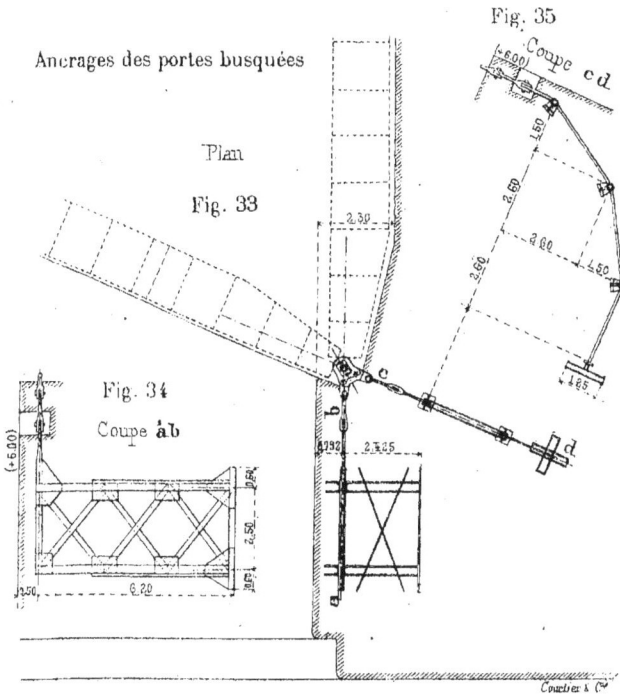

Fig. 35

Ancrages des portes busquées

Coupe c d

Plan

Fig. 33

Fig. 34

Coupe ab

traction sur la barre horizontale reliée au collier, les semelles de
ces appareils d'appui sont comprimées et intéressent une grande
masse de maçonnerie *(fig. 33, 34, 35)*.

b) Montage.

Des craintes sérieuses sur la tenue du batardeau en rivière
avaient fait envisager deux solutions également délicates :
1° Montage à l'intérieur du bassin à l'abri de la déviation de la
route ;
2° Montage sur une cale inclinée et lancement en Garonne.
Dans les deux cas il fallait amener les deux portes à flot, après

Montage des portes busquées

Fig. 36

Coupe du bâtardeau

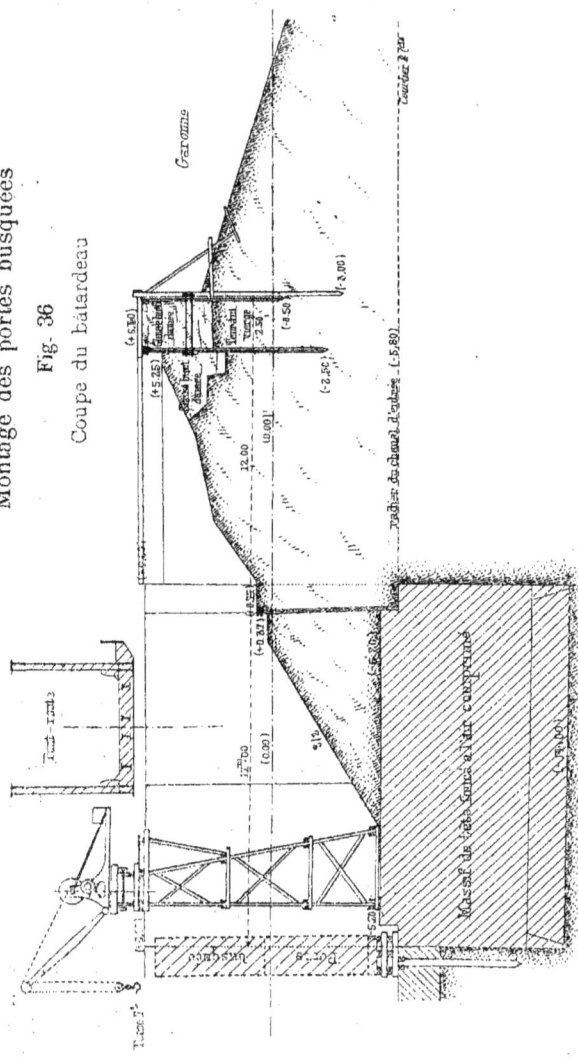

Garonne

la mise en eau du bassin et les échouer sur leurs pivots, opérations très aléatoires.

On a préféré renforcer le batardeau, d'une part, par un battage à (— 3,00) et des bracons vers le fleuve, d'autre part par un rideau de palplanches appuyant sur la rainure du bateau-porte et maintenu par les remblais avec talus de 1,5 pour 1 *(fig. 36)*.

Le montage s'est fait ainsi, sans difficulté, à l'aide d'une grue de 7 t roulant sur un plancher posé sur chevalets espacés de 4,25 m, reposant eux-mêmes sur le busc et sur le béton du radier *(Pl. 1, fig. 10)*. Un pylône central a permis, après montage du vantail amont, de reporter toute l'installation à l'aval, pour le montage du second vantail. *(fig. 37 et 38.)*

c) **Manœuvre.**

Pour cette opération, il n'a pas paru nécessaire ni économique de prévoir une installation permanente pour une ouverture aussi peu fréquente. Il sera facile d'établir, avec les moyens des Chantiers de Bordeaux, une installation de fortune permettant, de l'un et de l'autre bajoyers, de faire effort sur les vantaux au moyen de chaines ou de câbles métalliques. Il est évident qu'après un long temps de repos, une telle opération devra être bien préparée par un nettoyage sérieux, par scaphandriers, des radiers des chambres des portes.

En définitive, on s'est contenté de prévoir, sur la face de chaque vantail, une manille pouvant porter un effort de 12 000 kg qui permette l'attache de câbles ou de chaines de manœuvre.

B. — BATEAU-PORTE.

a) **Description.**

Le bateau-porte, placé du côté de la Garonne, forme un barrage étanche, isolant l'espace compris entre lui et les portes busquées pour abriter ces dernières et les eaux du bassin contre les fluctuations des marées.

En admettant l'étanchéité complète des engins, l'espace inter-

Montage des portes busquées

Chevalets de montage   Fig. 37   Élévation

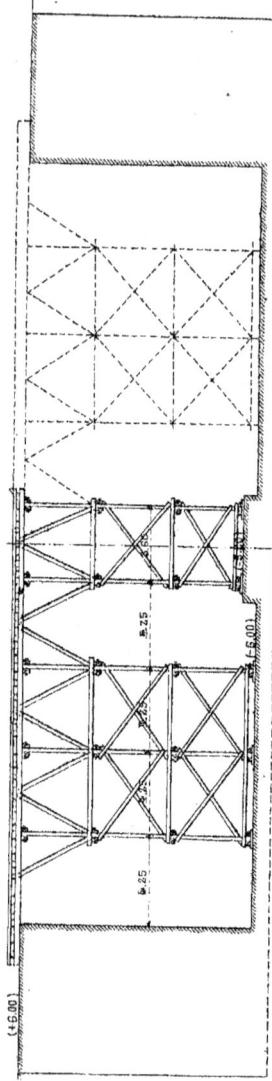

(+6.00)

8.25   8.25

8.25   8.25

(−6.00)

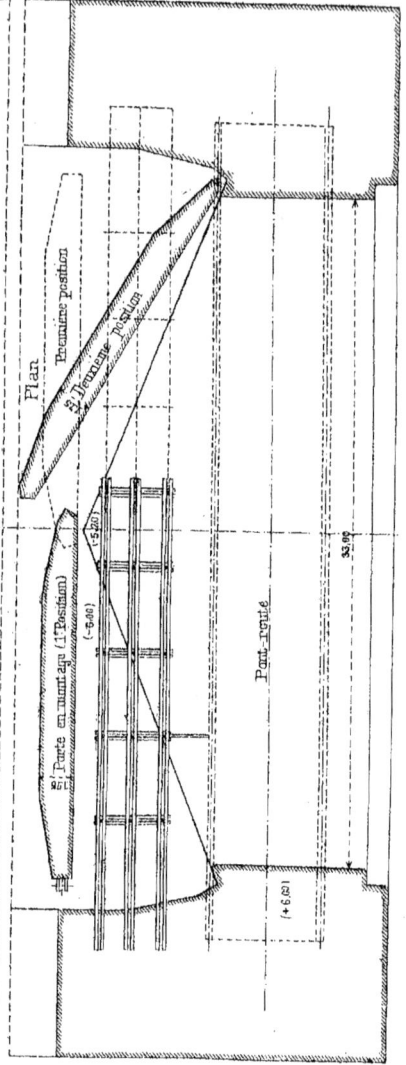

Plan   Première position

2) Deuxième position

Porte en montage (1ᵉ Position)

(+5.00)

(−6.00)

Pont-route

(+6.00)

33.00

Fig. 38

médiaire constitue dès lors un réservoir à niveau constant, isolé de la Garonne et du bassin. A chaque marée, le bateau-porte doit donc supporter la charge d'eau correspondant à la différence des niveaux sur ses deux faces ; les calculs de résistance sont établis pour les plus hautes mers de + 7 m et un niveau intérieur de — 0,50 m.

Le bordé reporte les effets des charges d'eau sur les lisses horizontales par l'intermédiaire de membrures verticales. Les lisses et les ponts sont calculés par groupes, en les considérant comme des poutres appuyées aux deux extrémités sur les bajoyers et soumises sur toute leur longueur aux charges d'eau supposées uniformément réparties.

Le pont de ressaut divise le bateau en deux caissons superposés *(fig. 39, 40, 41)*.

Le caisson inférieur constitue le flotteur quand la porte est retirée de ses enclaves ; ce caisson est complètement étanche. Quelques membrures verticales sont pleines et règnent d'un bord à l'autre, formant ainsi entretoises des lisses. Le fond du caisson est occupé par le lest, en gueuses et ciment, qui donne à la porte la stabilité de poids nécessaire.

A l'intérieur est aménagé un water-ballast divisé en deux parties par une cloison médiane étanche. Les tuyaux de remplissage du water-ballast peuvent être obturés par des vannes manœuvrables de la passerelle supérieure. La vidange du water-ballast est obtenue par deux pompes à main installées dans l'intérieur du caisson ; ces pompes sont également utilisées pour l'épuisement des eaux d'infiltration rassemblées dans la quille.

Le caisson supérieur est divisé en quatre compartiments par trois cloisons étanches verticales ; ces compartiments peuvent être alternativement remplis d'eau ou vidés à l'aide de soupapes, commandées de la passerelle, qui les font communiquer à l'extérieur.

La passerelle permet de circuler pendant les manœuvres et de descendre dans l'intérieur du caisson inférieur par deux cheminées munies d'échelons. Elle possède, en outre, des trous d'hommes pour la visite du caisson supérieur.

Les garnitures en chêne fixées à la porte à l'endroit des appuis sont munies de paillets en filin suiffé.

Bateau - porte

Fig. 39

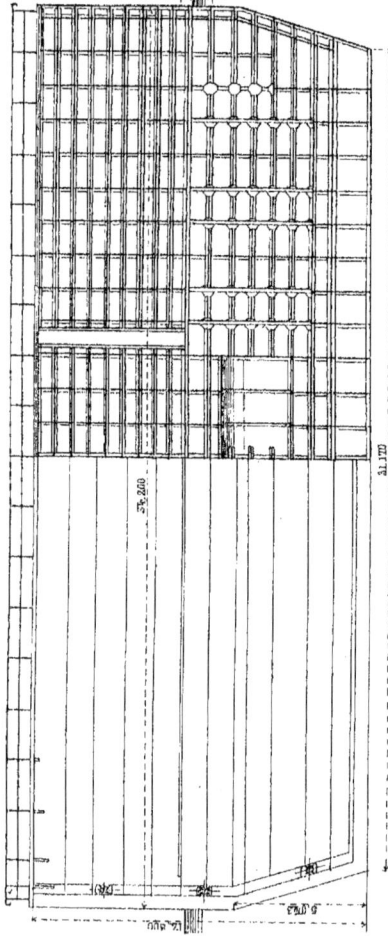

½ Coupe longitudinale

½ Élévation

Fig. 40

Coupe transversale

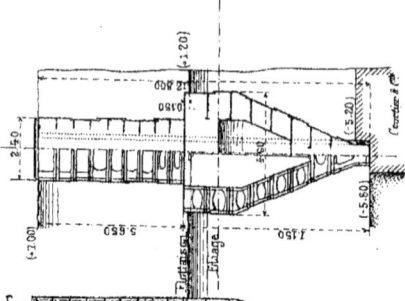

Fig. 41

½ Plan

½ Coupe horizontale.

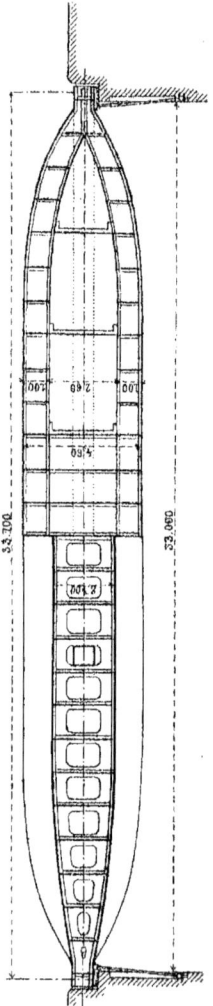

b) **Montage.**

Ce montage a été effectué par la même méthode employée avec succès par MM. Schneider et Cie dans les ports de Brest, Toulon, Saïgon, etc. ; elle consiste à monter la porte à plat à une hauteur simplement suffisante pour que le rivetage en soit facile, ce qui permet l'emploi de ponts roulants économiques et le moindre levage des pièces lourdes et encombrantes. La porte, terminée complètement sur le ber, est abaissée sur ses savates de lancement et mise à flot, à plat et par le travers, avec un lest suffisant dans la quille pour réaliser une flottaison inclinée assez voisine de la verticale, que l'on obtient ensuite par addition de lest en béton ferraillé *(Pl. 1, fig. 9)*.

c) **Manœuvre.**

Le fonctionnement du bateau-porte différant de celui des engins de l'espèce, nous avons été conduits, pour assurer sa tenue, à adopter des dispositions spéciales que nous examinons ci-après.

Le bassin étant rempli pendant une haute mer de + 5,50 m, les portes busquées sont ensuite fermées et le bateau-porte coulé dans ses enclaves. En raison du temps nécessaire pour les manœuvres du bassin et des engins de fermeture, la porte ne peut reposer sur le heurtoir qu'au début de la marée descendante, soit au voisinage du niveau + 4 m.

1° COULÉE DE LA PORTE.

En introduisant l'eau dans le water-ballast, la porte coule avec une vitesse facilement réglable par les vannes ; des palans, dont les caliornes sont frappées d'un côté sur de fortes boucles rivées au bateau-porte et, de l'autre, sur des boucles ancrées dans les murailles du pertuis, assurent l'applique pendant l'immersion.

Lorsque le water-ballast est plein, la flottaison a franchi le pont de ressaut : en ouvrant alors les soupapes qui débouchent sur ce pont, l'eau pénètre dans le caisson supérieur et la porte

4.

continue son mouvement descendant. La division, en quatre compartiments distincts, du caisson supérieur permet de régler l'assiette longitudinale.

A ce moment, une pompe de grand débit épuise le volume compris entre les portes busquées et le bateau-porte jusqu'à la cote — 0,50 m ; la dénivellation rapide qui en résulte assure une applique énergique sur les bajoyers.

L'étanchéité des engins ne pouvant être absolue, il est à prévoir que des fuites se produiront en service ; le niveau de l'espace intermédiaire s'élevant sensiblement pourrait, par suite, se trouver, à marée basse, à une cote supérieure à celle de la Garonne et provoquer le décollement du bateau-porte ; cette éventualité est évitée par le fonctionnement des aqueducs de 0,30 m placés au-dessous de l'étiage ; toutefois, ce fonctionnement exigeant une certaine charge d'eau du côté de l'amont, le bateau-porte, après sa coulée, est relié à des tirants ancrés dans la maçonnerie, afin de résister à la poussée de décollement due à cette dénivellation (fig. 41).

2° LEVÉE DE LA PORTE.

Le water-ballast est vidé, dans le cas du bassin à flot, à l'aide des pompes à main intérieures ; dans le cas de la cale sèche, en ouvrant les vannes côté du bassin ; l'eau du caisson supérieur se déverse dans le fleuve, à basse mer, par les soupapes ouvertes du côté de la Garonne. On fait communiquer l'espace intermédiaire avec le fleuve par les buses placées au niveau de l'étiage. A marée montante, le même niveau s'établit des deux côtés de la porte et à la cote + 1,20 m le bateau flotte ; on peut alors dégager l'entrée du pertuis.

On a recherché les valeurs des déplacements de la porte au moment où les niveaux sont + 7 m du côté de la Garonne et 0 m sur l'autre bord. Les résultats du calcul démontrent que, pour annuler la poussée verticale de ces déplacements, il est nécessaire que le caisson supérieur contienne un poids d'eau d'environ 70 t.

La vidange complète de ce caisson serait donc dangereuse. Pour l'éviter, il suffira de laisser ces compartiments en communication permanente avec le fleuve par les soupapes ouvertes en grand ou d'enfermer initialement dans le caisson un poids d'eau suffisant.

C. — PONT-ROUTE.

a) **Description.**

Les calculs de résistance de cet ouvrage, destiné à donner passage aux piétons et véhicules au-dessus de la tête du bassin, ont été établis d'après le règlement du 29 août 1891 ; les trottoirs ont été calculés pour une surcharge uniforme de 400 kg par mètre carré.

La largeur totale de ce pont est de 8 m entre garde-corps et comprend une chaussée de 5 m et deux trottoirs latéraux de 1,50 m ; une partie de cette largeur de 1,50 m se trouve à l'intérieur des poutres principales du pont et l'autre, réellement utilisable pour les piétons, se trouve placée en encorbellement.

Le pont a une portée de 39,50 m, comptée d'axe en axe des appareils d'appui des poutres ; ces dernières, distantes de 5,75 m d'axe en axe, sont du type dit « semi-parabolique » à membrure supérieure courbe. Les nervures sont reliées par une triangulation simple avec diagonales et montants *(Pl. 3, fig. 1)*.

La portée totale est divisée en treize panneaux d'environ 3,04 m de longueur ; la hauteur des poutres hors cornières est de 6,70 m au milieu de la portée et de 3,356 m sur les appuis.

A la partie inférieure de chaque montant sont fixées des poutrelles transversales de 0,550 m de hauteur reliées à six cours de longrines de 0,400 m ; ces longrines supportent transversalement des traverses métalliques qui complètent ainsi le quadrillage sur lequel est placé le platelage en bois de la chaussée.

Un contreventement horizontal, en croix de Saint-André, réunit les nervures inférieures ; les nervures supérieures sont entretoisées au droit de trois panneaux seulement, eu égard à la hauteur libre nécessaire à la circulation des tramways.

Les poutres reposent sur les bajoyers à la cote + 6 m par l'intermédiaire d'appareils d'appui à rotule dont deux sont fixes, et les deux autres sont munis d'un chariot à rouleaux permettant la libre dilatation de la travée.

b) **Montage.**

S'est fait sur un pont de service, avec un faible cube de bois, et de façon extrêmement simple, par suite de la présence, sur le radier du grand caisson, du lest en sable conservé comme butée du batardeau.

c) **Manœuvre.**

L'enlèvement du pont-route pour l'introduction dans le bassin, soit d'un navire en armement, soit des allèges amenant les pièces lourdes et encombrantes (éléments de turbines, blindages, etc.) constituait une opération assez délicate, les considérations économiques ayant fait écarter les deux solutions : pont levant et pont tournant.

Les premiers déplacements ont été effectués à l'aide d'un chaland convenablement lesté, puis délesté partiellement pour soulager le pont; cette manœuvre, non sans danger, sera supprimée dans l'avenir, le pont roulant de 140 t étant aménagé spécialement à l'effet de pouvoir lever le pont-route et le déposer sur un bajoyer.

D. — PONT ROULANT DE 140 T

a) **Description.**

La cale de construction du cuirassé d'escadre de première classe *Vergniaud* est desservie par deux ponts roulants de 26,50 m de hauteur libre sous poutres et de 29,60 m de largeur libre entre montants; ces ponts, très hardis, ont respectivement des puissances de 30 t et 12 t (1) *(fig. 3 et 5, Pl. 3)*.

Pour l'achèvement et l'armement, dans le bassin à flot, on a dû prévoir un engin de levage beaucoup plus puissant en vue de la manœuvre des lourdes pièces : tourelles, cuirassement, turbines, etc.

Ce pont roulant comporte un levage principal de 140 t et un

(1) Toutes les cales de la Société de la Gironde sont desservies par des engins semblables qui rendent les manutentions rapides et faciles.

levage auxiliaire de 30 t. Les deux treuils de levage sont portés par le chariot supérieur; la charge de 140 t est levée par un câble métallique en acier au creuset mouflé à huit brins, et la charge de 30 t par un câble mouflé à six brins. Les crochets de levage sont montés sur billes, de façon à permettre l'orientation facile de la charge.

La transmission de mouvement entre le moteur et les tambours de levage est obtenue au moyen d'un engrenage à roues droites; chaque treuil est muni d'un frein électromagnétique fonctionnant automatiquement, en un point quelconque de la course, si le courant du moteur est interrompu.

La hauteur des chevalets sous poutre est de 23,200 m. L'espace libre entre chevalets est de 47 m.

Caractéristiques de fonctionnement :

	Moteurs. — ch	Nombre de tours par minute.	Vitesse en mètres par minute environ.
Levage de 140 t.	1 de 67	590	1,50
Levage de 30 t	1 de 36	540	3,50
Translation du chariot. .	1 de 17	600	17,00
Translation du pont. . .	4 de 17	600	25,00

Genre de courant : courant continu à 120 volts.

b) **Montage.**

Vu les dimensions exceptionnelles de l'ouvrage, on décida de construire les piédroits et les poutres à plat sur le terrain même, puis de les lever au moyen de forts pylônes en bois, méthode élégante et économique qui, pratiquée avec prudence, a donné les meilleurs résultats.

Les quatre pylônes de levage, en sapin du Jura, avaient une hauteur totale de 31,700 m, demandant un haubannage sérieux en raison de leurs fréquents déplacements. Pour dresser chacun des piédroits (du poids de 25 t), la tête était amarrée aux deux caliornes d'un des pylônes et levée par les deux treuils de ce pylône, le pied reposant sur des glissières suiffées; arrivés à la position verticale, les piédroits étaient soulevés de façon à faire reposer leur semelle sur les rotules des chariots de roulement; des chevalets en bois assuraient l'équilibre provisoire jusqu'à l'assemblage aux grandes poutres.

Le levage de ces poutres (du poids individuel de 70 t) constituait l'opération la plus délicate, car il fallait la répartir sur plusieurs appareils de levage à mouvements parfaitement conjugués; on choisit des treuils à mains à deux tambours cannelés, sur lesquels les câbles prenaient adhérence par un certain nombre de tours morts et supprimaient toute reprise.

Les quatre pylônes, amenés par groupes de deux aux extrémités et de chaque côté d'une poutre, furent jumelés par de forts chapeaux servant à la suspension des caliornes de levage. Les treuils, au nombre de deux par pylône (soit huit au total), avaient une force de 3 500 kg en prise directe et agissaient sur des palans à six brins; ils étaient actionnés chacun par dix hommes, soit quatre-vingts hommes pour un levage d'une durée d'environ quatre à cinq heures (fig. 11, Pl. 1).

Chaque poutre élevée à une hauteur suffisante, on rapprochait les piédroits et on en faisait l'assemblage. Les chevalets-supports des piédroits ne furent enlevés qu'après achèvement complet du montage et réglage.

Le chariot de roulement, du poids de 15 t, fut mis à son poste à l'aide d'un échafaudage sur les poutres et de deux des palans de levage.

c) Manœuvre.

Chacun des deux piédroits repose sur deux rails parallèles par l'intermédiaire de huit paires de galets en acier moulé réunis deux par deux au moyen d'un balancier qui assure une répartition uniforme des pressions; le mouvement de translation est obtenu au moyen de quatre moteurs électriques attaquant directement chacun un des chariots de roulement au moyen d'engrenages à vis sans fin. La charge sur les rails étant considérable, on a été amené à étudier un type spécial de traverses en béton armé pour l'établissement de la voie.

Le poids total du pont roulant en charge est de 440 t évalué comme suit :

Pont roulant proprement dit	240 t
Chariot et engins de levage	60
Charge maxima	140
Poids TOTAL	440 t

Sous l'action d'un vent de 8 m à la seconde et d'une charge de 140 t suspendue au chariot, placé le plus près possible d'un chevalet, il se développe sur une paire de galets une réaction de 40 t, soit 35 t par mètre courant de voie.

Dans le but de diminuer la pression sur le sol en intéressant la plus grande longueur possible de voie à la charge et en solidarisant au mieux les deux rails voisins, ceux-ci sont fixés sur un quadrillage en béton armé faisant corps avec un plateau inférieur de 2,66 m de largeur et 0,07 m d'épaisseur, limité latéralement par deux talons l'encastrant bien dans le sable et formant parafouille; ce plateau est nervé, d'une part, par deux longrines sous rails de 0,16 m de hauteur écartées à 1,51 m d'axe en axe, et, d'autre part, par des traverses de même hauteur écartées à 0,60 m d'axe en axe; les cases centrales formées par le croisement des longrines et traverses sont remplies en béton maigre. Les rails sont fixés aux longrines par des plaques de scellement, tous les 1,200 m, en quinconces sur chaque rail et d'un rail à l'autre; les abouts des rails reposent sur des plaques d'acier de 25 mm d'épaisseur encastrées dans le béton.

E. — ACCESSOIRES

Les appareils de manœuvre se composent essentiellement des éléments suivants (fig. 42) :

Deux cabestans F, F' pour le halage des navires;

Quatre boucles d'amarrage en fer de 80 mm de diamètre sur les musoirs d'entrée du pertuis;

Quatre boucles d'amarrage de mêmes dimensions au droit des enclaves des portes;

Trois boucles de manœuvre des navires : une au sommet de l'ogive, deux au milieu du bassin;

Huit boucles d'amarrage en fer de 50 mm de diamètre, à la cote (+ 5,50) à l'intérieur du bassin;

Huit bornes-bollards convenablement distribuées sur le couronnement.

La ligne aérienne de prise de courant est tenue aux extrémités par deux pylônes métalliques E, E', et intermédiairement par dix poteaux métalliques G.

Le service d'approvisionnement des pièces en montage est

assuré par une voie ferrée posée de chaque côté du dock paral-
lèlement à l'axe ; ces voies sont placées à l'intérieur de celles
du pont roulant de 140 t et reliées, à l'aide d'aiguillages, aux
voies de circulation générale des chantiers.

Fig. 42

Répartition des accessoires et appareils de manœuvre

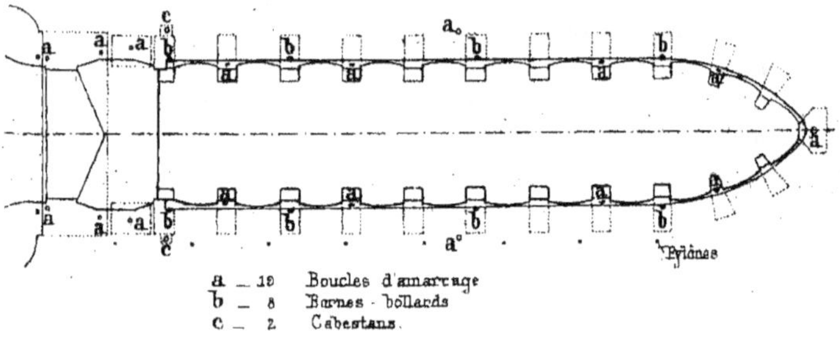

a — 18   Boucles d'amarrage
b — 8   Bornes - bollards
c — 2   Cabestans

La première utilisation, toute récente, de cet ouvrage, a parfaitement réussi : après le lancement du cuirassé d'escadre
Vergniaud, l'ouverture du pertuis et le déplacement du pont-
route, l'entrée de ce bâtiment de guerre dans son dock s'est faite
sans difficulté *(fig. 16, et 19, Pl. 1)*. Les travaux d'armement
sont actuellement poussés très activement, consacrant l'heu-
reuse solution d'un problème qui se rattachait à la fois aux Travaux Publics et à la Marine et intéressait grandement la défense
nationale.

TABLE DES MATIÈRES

DEUXIÈME PARTIE

Transformation du bassin à flot en cale sèche de fortune.

CHAPITRE I.

PROJET.

CHAPITRE II.

EXÉCUTION DES OUVRAGES.

GÉNÉRALITÉS.

TROISIÈME PARTIE

Ouvrages métalliques, outillage et accessoires.

IMPRIMERIE CHAIX, RUE BERGÈRE, 20, PARIS. — 13054-7-10. — (Encre Lorilleux).

Pl. L.

BASSIN A FLOT

Fig. 1. — Coupe longitudinale suivant A B C D E F G H

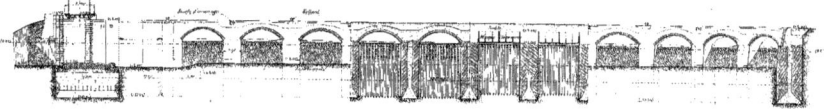

Fig. 2. — Plan d'ensemble

Demi-plan les remblais supposés enlevés

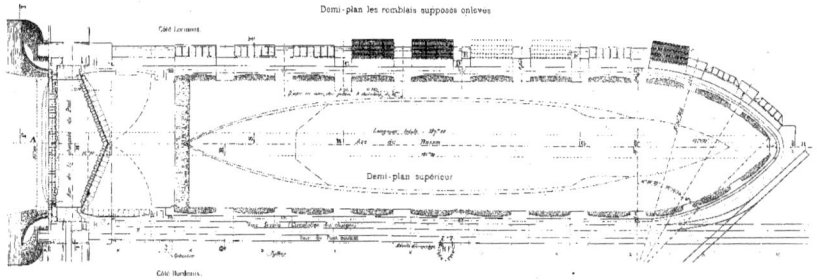

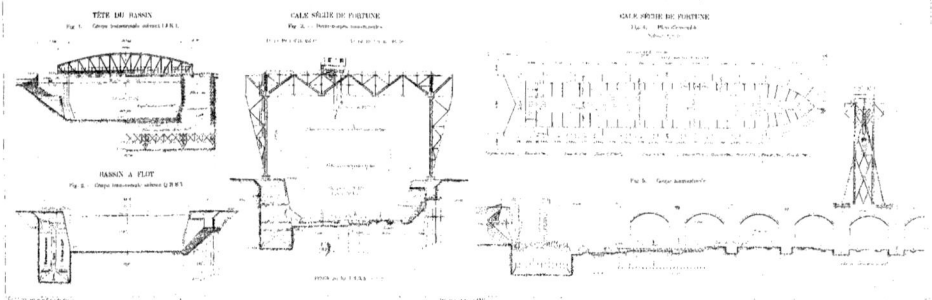

TÊTE DU BASSIN

CALE SÈCHE DE FORTUNE

CALE SÈCHE DE FORTUNE

BASSIN A FLOT

www.ingramcontent.com/pod-product-compliance
Lightning Source LLC
LaVergne TN
LVHW051459090426
835512LV00010B/2230